Nicolaus Kaufmann

Die teleologische Naturphilosophie des Aristoteles und ihre Bedeutung in der Gegenwart

Nicolaus Kaufmann

Die teleologische Naturphilosophie des Aristoteles und ihre Bedeutung in der Gegenwart

ISBN/EAN: 9783743319738

Hergestellt in Europa, USA, Kanada, Australien, Japan

Cover: Foto ©Thomas Meinert / pixelio.de

Manufactured and distributed by brebook publishing software (www.brebook.com)

Nicolaus Kaufmann

Die teleologische Naturphilosophie des Aristoteles und ihre Bedeutung in der Gegenwart

teleologische Naturphilosophie des Aristoteles

und ihre

Bedeutung in der Gegenwart.

Abhandlung

von

Nikolaus Kaufmann,
Professor der Philosophie am Lyceum.

Aristoteles de parth. an. I, 1.

Luzern,
Buchdruckerei von Gebrüder Räber.
1883.

Die teleologische Naturphilosophie des Aristoteles und ihre Bedeutung in der Gegenwart.

Einleitung.

Auf der Sgraffito-Decoration der Nordfaçade des eidgenössischen Polytechnicums in Zürich erblicken wir das Bild des großen Stagiriten Aristoteles unter denjenigen der größten Naturforscher aller Zeiten und so auch der Neuzeit. Aber wie? Aristoteles, der noch nicht den großen Aufschwung der empirischen Wissenschaften in der Neuzeit kannte, er, dem noch nicht das Mikroskop das Leben in seinen kleinsten Gestaltungen und das Teleskop die Großartigkeit der Gestirnwelt erschloß, Aristoteles, der mehr als zweitausend Jahre entfernt ist von der Blüthe der Naturforschung im 19. Jahrhundert, er wird doch den größten Naturforschern der Neuzeit an die Seite gestellt? Der Stagirite verdient diese Ehrenstelle. Freilich waren seine Hülfsmittel beschränkt, aber um so erstaunlicher ist Das, was er, der Vater der Naturgeschichte, auch in rein naturwissenschaftlicher Beziehung, im Gebiete der empirischen Specialforschung geleistet hat. Die Thiergeschichte z. B. giebt Zeugniß von den wahrhaft bewunderungswürdigen Resultaten seiner Specialforschung. — Ein großes Verdienst desselben besteht ferner in der tiefern Begründung und Anwendung der inductiven Methode. Seine Erkenntnißlehre hebt nach dem Vorgange des Sokrates hervor, daß unser Denken von den sinnlichen Erfahrungen ausgehe und gestützt auf diese die höhern Erkenntnisse über Wesen und Grund der Dinge gewinnen müsse. Diesem erkenntniß-theoretischen Principe getreu, betont Aristoteles in seinen Schriften über die Natur immer den Werth der Beobachtung, der Erforschung der Thatsachen. Und wenn es nun feststeht, daß die weitere Vervollkommnung der inductiven Methode (z. B. durch den Gebrauch früher unbekannter Instrumente der Beobachtung) hauptsächlich den neuen Aufschwung der Naturwissenschaften in der Neuzeit ermöglichte, muß denn nicht Aristoteles ein großes Verdienst um die Naturforschung zugeschrieben werden? — Jedoch die höchste Bedeutung des Stagiriten erblicken wir in seiner Naturphilosophie. Der höchste Triumph menschlichen Wissens besteht ja nicht im Stehenbleiben bei den einzelnen Thatsachen, so wichtig auch die Erforschung derselben als Vorarbeit ist. Der höchste Aufschwung des menschlichen Geistes besteht darin, daß er die einzelnen Thatsachen unter höhere Ideen subsummirt und zu der Erkenntniß des innern Wesens und des letzten Grundes der Natur vorbringt. Hierin steht Aristoteles sehr groß da. Er erkannte aus den gewöhnlichen Erscheinungen und Thatsachen mit der Schärfe seines genialen Geistes das innere Wesen der Dinge, er wußte alle Details zu verwerthen zu einer einheitlichen philosophischen Weltanschauung.

Seit Aristoteles haben nun freilich die Naturwissenschaften, resp. die Detailforschungen in der Natur, namentlich in unserm Jahrhundert, erstaunliche Fortschritte gemacht, aber sehr muß auch ein erneuter Aufschwung der Naturphilosophie in der Gegenwart gewünscht werden. Wie im Kosmos das Einzelne zunächst eine selbstständige Stellung hat, jedoch alle Einzel=Dinge im innigsten Zusammenhange stehen und durch einheitliche Gesetze die Einheit in der Mannigfaltigkeit hervorgerufen wird, so soll auch die Wissenschaft die Resultate der Special=forschung zu einer einheitlichen philosophischen Weltanschauung verbinden, in der sich die Gesammtheit des Universums wiederspiegelt. — In Rücksicht auf eine solche Reconstruction der Naturphilosophie in der Gegenwart möchten wir auf Aristoteles hinweisen. Die Verdienste desselben werden gerade in neuerer Zeit wieder immer mehr und mehr gewürdigt. Einerseits hat der neue Aufschwung der thomistischen Studien eine erneute Pflege der aristotelischen Philosophie zur Folge. Der eigentliche Gewährsmann des hl. Thomas von Aquin in philosophischen Fragen ist ja Aristoteles; ihn nennt er „Philosophus", $\kappa\alpha\tau'\dot{\varepsilon}\xi o\chi\dot{\eta}\nu$. Der Satz: „Philosophus dicit" wiederholt sich unzählige Male in seinen Werken. Wer wollte nun tiefer eindringen in die Lehre des hl. Thomas, ohne seinen großen Lehrmeister zu kennen? — Allein abgesehen davon, hat das Studium des Aristoteles in den letztverflossenen Jahrzehnten einen neuen Auf=schwung genommen. Ohne das unterschätzen zu wollen, was in andern Ländern geleistet wurde, z. B. in Frankreich von dem Exminister Barthélemi Saint=Hilaire, heben wir besonders das erneute Studium in Deutschland hervor. Namentlich hat sich die königl. Academie der Wissen=schaften in Berlin durch eine kritische Ausgabe der sämmtlichen Werke des Aristoteles verdient gemacht. Um sodann aus einer großen Reihe verdienter Männer nur einzelne Namen zu bezeichnen, nennen wir z. B. Trendelenburg, Hertling, Brentano, Eucken. Vor allen aber gehört die Palme dem berühmten Professor der Berliner Universität, Dr. Adolf Trendelenburg, der, wie kein anderer, in neuester Zeit die aristotelischen Studien gefördert hat.

Der genannte Professor Eucken spricht sich in einem Vortrage sehr erfreut über die Thatsache dieser Wiederbelebung der aristotelischen Studien aus. „Während nämlich im vorigen Jahrhundert nur einzelne Schriften des großen Philosophen einen allgemeinern Einfluß behaupteten, während selbst ein Mann wie Kant sich von Mißverständniß wichtiger Punkte seiner Lehre nicht frei erhielt, ist seit den ersten Jahrzehnten unseres Jahrhunderts das Interesse für seine gesammte Weltanschauung neu erwacht und es hat sich dasselbe seitdem fort=dauernd in dem Maße gesteigert, daß das Studium des Aristoteles nunmehr in den Vorder=grund der philosophischen Bewegung getreten ist. Weit über den geschlossenen Kreis einzelner Schulen hinaus wurden viele bedeutende Männer von durchaus abweichenden Richtungen gleich=mäßig von dem alten Denker angezogen und dauernd gefesselt; ja, nachdem die selbstständige speculative Thätigkeit sich in viele einander oft schroff entgegentretende Systeme spaltete und auch die verschiedenen Culturvölker hier mehr und mehr auseinander gingen, da bot die aristo=telische Philosophie ein Feld, auf dem sich die Forscher aller Richtungen und aller Nationalitäten zu gemeinsamer fruchtbringender Thätigkeit vereinigen konnten. So ist die Wiedererweckung und die Blüthe der aristotelischen Studien ein charakteristisches Zeichen für die heutige Philo=sophie." So Eucken in seinem Vortrage „Ueber die Bedeutung der aristotelischen Philosophie für die Gegenwart. Academische Antrittsrede, gehalten am 21. November 1871 von Dr. Rudolf Eucken, ord. Professor der Philosophie an der Universität Basel." pag. 5—6. Der Redner erblickt dann in seinen weitern Ausführungen die Bedeutung der aristotelischen Philosophie für die Gegenwart hauptsächlich im Folgenden: Aristoteles war einerseits Specialforscher; er betonte, daß auch das Kleinste in der Natur Bedeutung habe. Andererseits hat er aber wieder in philosophischer Weise alle Detailkenntnisse mit seinem gewaltigen Geiste zu einem harmonischen Ganzen vereinigt. Eucken sieht nun in dem Umstande, daß in der Gegenwart die Special=wissenschaften oft zu sehr sich gegen einander abschließen, Gegensätze sich bilden und vielfach der Zusammenhang fehlt, die Gefahr der Einseitigkeit. Er weist behufs Beseitigung dieser Gefahr hin auf das Vorbild des Aristoteles. Der Redner hat damit einen einschneidenden Gedanken hervorgehoben, nämlich die Bedeutung des Aristoteles für die Regeneration der Naturphilosophie in der Gegenwart. Während aber derselbe mehr nur in allgemeinen Umrissen diese Bedeutung hervorhebt, möchten wir hier einen speciellen Gedanken urgiren, der in dem genannten Vortrage nicht hervorgehoben wird. Wir fragen nämlich: Welches ist denn der eigenthümliche Charakter der Naturphilosophie des Aristoteles? Wie faßte der Stagirite die Detailkenntnisse unter höhern, allgemeinen Gesichtspunkten zusammen? Wie gewann er eine einheitliche organische Weltanschauung? Wir können diese Fragen mit einem Worte beantworten, indem wir sagen: Die Naturphilosophie des Aristoteles ist eine teleologische. Der Zweckgedanke ist der herrschende in der Metaphysik, Physik, Psychologie, Zoologie, Ethik und Politik, überhaupt in allen Zweigen seiner Philosophie; der Zweckbegriff ist der einigende Gedanke der aristotelischen Weltanschauung.

Betrachten wir nun die Naturphilosophie in der Gegenwart, so sehen wir die wissenschaftliche Welt in zwei Lager getrennt: auf der einen Seite stehen die Anhänger der rein mechanischen Naturbetrachtung, welche nur stoffliche und bewegende Ursachen in der Natur annimmt, dagegen die Annahme von Finalursachen verwirft. Auf der andern Seite die Vertheidiger der teleologischen Naturbetrachtung, welche besonders die Zweckursache betonen, ohne aber die materiellen und bewegenden Ursachen zu ignoriren. Während die ausschließlich mechanische Naturbetrachtung selbst in der organischen Natur nur das Resultat des Zufalles oder aber einer blinden Nothwendigkeit erblickt, begründet die Teleologie eine mehr ideale Naturauffassung, die in der Zweckordnung des Universums die Manifestation eines großen Geistes erkennt. (Siehe die weitern Ausführungen hierüber im zweiten Theile.) — In dieser heutzutage mehr als je brennenden oder, wie ein Schriftsteller sich ausdrückte, glühenden Frage, möchten wir nun den Geist des Stagiriten als Schiedsrichter anrufen. Aristoteles hat mit seiner Geistesschärfe alle Mängel der vorsokratischen Naturphilosophie, besonders der demokritischen, scharf kritisirt und den Hauptgrund ihrer Irrthümer in der ausschließlich mechanischen Naturerklärung, resp. in der Vernachlässigung der Zweckursache erkannt. Wenn nun in unserer Zeit von gewisser Seite eine Rückkehr zur rein mechanischen Naturerklärung jener vorsokratischen Philosophie, namentlich zu der eines Demokrit, sich geltend macht, so dürfte es gewiß passend sein, auf Aristoteles hinzuweisen und ihn als Kritiker über jene Richtung anzurufen. Wenn man in der Gegenwart auf der einen Seite den Zweck nicht mehr als Princip der Naturerklärung gelten lassen will, so möchten wir dagegen die Lehre des Aristoteles betonen, der die bloße Annahme von materiellen und bewegenden Ursachen durchaus ungenügend findet und in sehr scharfsinniger Weise, gestützt auf Thatsachen, die Lehre von den Finalursachen begründet. Die Vertheidigung der Lehre von der Causa finalis auf aristotelischer Basis, das ist die Aufgabe, die wir uns gestellt haben.

Wir unterscheiden, um zur Eintheilung unserer Arbeit überzugehen, zwei Theile. In dem ersten Theile werden wir die Kritik, welche Aristoteles über seine Vorgänger bezüglich der Naturphilosophie fällt, anführen und sodann darlegen, wie der Stagirite der mechanischen Naturerklärung der vorsokratischen Philosophie gegenüber positiv die Natur-Teleologie begründet hat. Im zweiten Theile werden wir der modernen, rein mechanischen Naturerklärung gegenüber zeigen, daß die Zweckursache als Princip der Naturerklärung auch in der Gegenwart ihre volle Bedeutung beibehält. Wie Aristoteles in Hinweis auf die ihm bekannten Thatsachen, namentlich aus dem organischen Leben, seine Zwecklehre begründet hat, werden wir nicht ermangeln, auch auf die Thatsachen der neuern Naturwissenschaft hinzuweisen, welche die Lehre von den Finalursachen nicht umstürzen, sondern vielmehr bekräftigen. So wird es sich zeigen, daß die Polemik gegen die Annahme von Zweckursachen in neuerer Zeit nicht auf Thatsachen, sondern auf allerlei Hypothesen beruht, die nicht mit Gewißheit bewiesen sind. Wir werden erkennen, daß die aristotelischen Principien durch die Thatsachen, auch der neuern Wissenschaft, bestätigt werden und daß jene Principien, besonders was das organische Leben betrifft, zur Widerlegung falscher moderner Hypothesen sich verwenden lassen.

Was die Darlegung der aristotelischen Naturphilosophie betrifft, so wollten wir uns ein möglichst selbstständiges Urtheil bilden über die Lehre des Aristoteles und haben uns deß= halb längere Zeit mit dem Studium einschlägiger aristotelischer Schriften beschäftigt, bevor wir an die Ausarbeitung vorliegender Abhandlung gingen. Wir stellten sodann die aristotelische Naturphilosophie unmittelbar aus den Quellen dar, nach den Notizen, welche wir uns beim Studium derselben angefertigt hatten. So ist denn unsere Arbeit eine selbstständige; jedoch, indem wir dieses betonen, wollen wir nicht etwa bisherige Darstellungen als ungenügend bezeichnen. Wir bilden uns überhaupt nicht ein, daß wir mit vorliegender Abhandlung etwas absolut Vollkommenes geleistet hätten, das imperfectibel wäre. Wer je eingehender sich mit dem Studium der aristotelischen Schriften beschäftigt hat, kennt die großen Schwierigkeiten, die sich hier in mannigfacher Hinsicht entgegenstellen. Was sodann besonders die Zwecklehre betrifft, so häufen sich die Schwierigkeiten. Wir finden nämlich in keiner aristotelischen Schrift eine abgerundete, erschöpfende Lehre über den Zweck. Stellen, die Teleologie betreffend, sind zerstreut vorhanden, sozusagen in all' seinen Schriften, besonders in der Metaphysik, Physik, in seinen psychologischen und naturwissenschaftlichen, ja sogar in seinen ethischen und politischen Schriften. Diese Stellen mußten mühsam zusammengetragen werden. Sodann handelte es sich nicht blos um eine Häufung und Aneinanderreihung von Stellen, sondern dieselben mußten im Sinne des Aristoteles nach gewissen Gesichtspunkten geordnet und zu einem organischen Ganzen zusammengefügt werden. Daß eine solche Darstellung mit großen Anstrengungen ver= bunden war, ist Jedem einleuchtend. — Sodann müssen wir bemerken, daß wir eben nicht ein Buch, sondern ein Programm zu schreiben hatten, das eine gewisse Seitenzahl nicht über= schreiten durfte. Wir mußten uns daher oft, namentlich im zweiten Theile, auf Andeutungen beschränken. Jedoch gedenken wir, so Gott will, später diesen oder jenen Punkt, der nur angedeutet werden konnte, in Einzelabhandlungen weiter auszuführen. Mögen nun Sachver= ständige urtheilen, inwieweit wir innert diesen Rahmen unserer Aufgabe nachgekommen sind.

Was wir mit dieser Abhandlung erreichen möchten, ist, wenigstens ein Scherflein bei= zutragen zur Förderung jener Richtung, welche in dem weitern Ausbau des aristotelischen Lehrsystems, mit Benutzung der fortgeschrittenen empirischen Wissenschaften, in der Gegenwart das Heil für die Philosophie überhaupt, speciell aber für die Naturphilosophie erblickt.

Wir heben zustimmend die trefflichen Gedanken hervor, welchen Trendelenburg in dem Vorwort zur zweiten Auflage seiner „Logischen Untersuchungen" Ausdruck verleiht. „Es muß das Vorurtheil der Deutschen aufgegeben werden, als ob für die Philosophie der Zukunft noch ein neu formulirtes Princip müßte gefunden werden. Das Princip ist gefunden; es liegt in der organischen Weltanschauung, welche sich in Plato und Aristoteles gründete, sich von ihnen her fortsetzte und sich in tieferer Untersuchung der Grundbegriffe, sowie der einzelnen Seiten und in Wechselwirkung mit den realen Wissenschaften ausbilden und nach und nach vollenden muß."

Erster Theil.

Darlegung der teleologischen Naturphilosophie des Aristoteles.

Erster Abschnitt.

Allgemeine naturphilosophische Erörterungen.

I. Die Methode des Aristoteles.

Die Lehre des Aristoteles von der Zweckursache steht im innigsten Zusammenhange mit seiner gesammten Naturphilosophie. Wir können daher nicht sofort zur Betrachtung jener Ursache übergehen, sondern müssen zunächst eine sichere Basis gewinnen durch einige Vor-erörterungen. — Wir bezeichnen die Wissenschaft des Aristoteles von der Natur mit dem allgemeinen Namen: Naturphilosophie. Freilich wissen wir, daß Aristoteles unterscheidet zwischen „Erster Philosophie" und Physik u. s. w. (siehe Metaphysik VI, 1; XI, 1 u. s. w.). Unter „Erster Philosophie", welche durch einen spätern Sammler aristotelischer Schriften Metaphysik genannt wurde, versteht er die allgemeinen Untersuchungen über das Sein und die vier letzten Gründe desselben. Da sich die erste Philosophie namentlich auch mit dem ersten unbewegten Beweger beschäftigt, nennt er sie oft θεολογική. Die Physik hat es mit dem Veränderlichen zu thun; die einzelnen naturwissenschaftlichen Schriften mit einzelnen Theilen des Veränderlichen. Jedoch werden die Untersuchungen über die Natur und ihre ein-zelnen Theile geführt vom Standpunkte jener vier Ursachen, die er in der Metaphysik unter-schieben hat; auch die rein naturwissenschaftlichen Schriften sind durchwirkt von zahlreichen Bemerkungen, die jene metaphysischen Erörterungen im Auge behalten. Wir haben so eine innige Verbindung von Realwissenschaft und Philosophie bei Aristoteles. Und wenn der Stagirite in der Metaphysik von einem ersten Beweger spricht, so auch wieder in der Physik; der erste Beweger kann eben nur begriffen werden in seiner Beziehung zum Bewegten, zur Natur. Wir fassen daher die gesammte Wissenschaft des Aristoteles über die Natur zusammen unter dem einen Namen „Naturphilosophie". — Nun die Frage: Welche Grundsätze hat Aristoteles in Betreff der Naturerkenntniß? Können wir das innere Wesen, die letzten Gründe der Natur erkennen und wie?

Das ist gerade ein großes Verdienst des Aristoteles, daß er die Möglichkeit einer wissen-schaftlichen Naturerkenntniß begründet hat gegenüber Plato. Nach letzterm giebt es von den Dingen dieser sichtbaren, veränderlichen Welt kein wahres Wissen. Außer dieser sichtbaren Welt nimmt er dann freilich die Welt der unveränderlichen Ideen an; von diesen als dem wahren Sein haben wir einzig ein wahres Wissen. So begreifen wir, wenn Aristoteles Plato den Vorwurf macht: nach seiner Lehre sei keine tiefere Erkenntniß dieser sichtbaren Welt möglich (siehe unten). Aristoteles nun lehrt: die Formen, resp. Ideen sind nicht von dieser sichtbaren Welt getrennt, sondern den Einzeldingen immanent. Das Object des wahren Wissens befindet sich nach seiner Lehre nicht außer dieser sichtbaren Welt, sondern in derselben. Mit der Begründung der betreffenden Lehre hat Aristoteles zugleich den Satz gerechtfertigt, daß es von dieser sichtbaren Welt, von der Natur, ein wahres Wissen gebe. Und wie erfassen wir nun dieses Object des wahren Wissens, das innere Wesen der Dinge im Unterschiede zur bloßen Erscheinung? Antwort: im Begriff. Der Begriff, resp. die Definition desselben, erstreckt sich auf die οὐσία, also auf die Wesensform. Aristoteles knüpft so an die sokratische Lehre an, daß es ein wahres Wissen nur gebe von den allgemeinen Begriffen. Er geht aber nur so weit als Sokrates, und wenn Aristoteles bemerkt, daß Plato dadurch über Sokrates hinausgegangen sei, daß er die allgemeinen Begriffe neben die Sinnendinge stellte, so ist es gerade diese weitergehende Lehre, die er in seiner Metaphysik unablässig bekämpft. Aber wie gelangen wir nun zur Erkenntniß des innern Wesens der Dinge, resp. zur Definition der Begriffe? Antwort: durch die inductive Methode. Aristoteles rechnet Sokrates diese inductive Methode als Verdienst an und macht sich nun dieselbe eigen. Unsere Erkenntniß geht aus von dem Sinnlichen, von der sinnlichen Erfahrung; von da ausgehend gelangt sie durch Reflexion und Abstraction zu allgemeinen Begriffen, überhaupt zu allgemeinen Wahrheiten. In dieser Lehre vom discursiven Erkennen haben wir einen Punkt, in welchem Aristoteles den Empirismus und Idealismus vermittelt. Wir gehen vom Sinnlichen aus, die höhere Erkenntniß ist von der sinnlichen abhängig; andererseits bleiben wir nicht nur beim Sinnlichen stehen, sondern schreiten zu höhern, idealen Erkenntnissen vor. Wir haben eine Erkenntnißlehre, die sich gründet auf eine gesunde Anthropologie, die den Menschen faßt, als die Einheit des Sinnlichen und Geistigen, als ein sinnlich-geistiges Wesen, als die Einheit von Leib und Seele, die Wesensform des Körpers ist¹). — In dieser inductiven Methode des Aristoteles haben wir ferner einen Punkt, in dem derselbe in Harmonie steht mit der modernen Naturwissenschaft, welche so sehr die Induction, das Ausgehen von der Empirie, betont.

Daß nun Aristoteles auf die Empirie, resp. auf die Erforschung der Thatsachen, sehr großen Werth legt, möge aus folgenden Stellen erhellen. In der Metaphysik (I, 1. Cap.) handelt er einläßlich über die Erfahrung und ihr Verhältniß zur Theorie. Nachdem er über den Werth der Sinneswahrnehmung gesprochen und hervorgehoben hat, daß der Mensch im Unterschiede zum Thiere nicht nur bei der sinnlichen Erkenntniß stehen bleibe, sondern in der Theorie und im vernünftigen Denken lebe, bestimmt er dann näher den Begriff der Erfahrung (ἐμπειρία). „Es erwächst aber für den Menschen die Erfahrung aus der Erinnerung in der Art, daß eine Summe von Erinnerungen an gleichartige Vorgänge am Ende den Werth einer gemachten Erfahrung erhält. Ja, man kann sagen, die Erfahrung sei selbst mit Wissenschaft und Theorie verwandt. Aus der Erfahrung wiederum gewinnt der Mensch Wissenschaft und Theorie: die Erfahrung, sagt Polus mit Recht, ist die Mutter der Theorie, die Unerfahrenheit die Mutter des Zufalls. Und zwar entsteht die Theorie, indem aus einer Summe erfahrungsmäßiger Wahrnehmungen ein allgemeiner Satz in Beziehung auf das Gleichartige abgeleitet wird". Im Folgenden handelt er nun über den Werth, welcher der Erfahrung einerseits, andererseits der Theorie zukommt. Was das praktische Handeln betrifft, giebt Aristoteles zu, daß die Erfahrung manche Vorzüge vor der Theorie habe, „daß die Erfahrenen das Rechte sogar besser treffen, als die Theoretiker ohne Erfahrung". Und zwar deswegen, „weil die Erfahrung Kenntniß des Einzelnen, die Theorie Kenntniß des Allgemeinen ist, das Handeln und Hervorbringen dagegen immer auf's Einzelne geht". Jedoch ist Aristoteles weit entfernt, dem sogenannten Empirismus, resp. Sensualismus, das Wort zu reden. Was die eigentliche wissenschaftliche Erkenntniß betrifft, giebt er nämlich der Theorie den Vorrang. „Nichtsdestoweniger glauben wir, daß Wissen und Verständniß mehr der Theorie zukomme als der Erfahrung, und wir halten den Theoretiker für weiser als den Empiriker, von der Voraussetzung ausgehend, daß das Maaß des Wissens immer auch das Maaß der Weisheit sei. Wir thun jenes, weil der Eine die Ursache kennt, der Andere nicht. Der Empiriker nämlich weiß nur das Was, nicht aber das Warum, der Theoretiker dagegen kennt auch das Warum und den Grund." „Schreiben wir doch auch den Sinneswahrnehmungen, obwohl sie die vorzüglichsten Erkenntnißquellen für's Einzelne sind, doch nicht den Charakter der Wissenschaft zu, da sie von nichts das Warum angeben, z. B. warum das Feuer warm ist, sondern nur, daß es warm ist." So kommt er dann zum Schlusse, daß der

Empiriker weiser sei als Derjenige, der nur irgend welche Sinneswahrnehmung hat, der Theoretiker wiederum weiser als der Empiriker.

So hat Aristoteles in richtiger Weise alle Extreme vermieden. Er betont, daß man nicht bei dem Einzelnen, bei den durch sinnliche Beobachtung festgestellten Details stehen bleiben dürfe, daß vielmehr die Wissenschaft auf allgemeinen Wahrheiten beruhe. Diese allgemeinen Wahrheiten müssen aber aus der Empirie, also aus den Thatsachen abgeleitet werden. Alle Schriften des Aristoteles zeigen deutlich die Durchführung dieses Princips. In seinen naturwissenschaftlichen Schriften schenkt er dem Einzelnen die vollste Aufmerksamkeit, aber nach Feststellung der einzelnen Thatsachen erhebt er sich sofort zu höhern, allgemeinen Gedanken. So bereitet die Lectüre dieser Schriften hauptsächlich dadurch Genuß, daß die Darstellung immer durchwürzt ist von den geistvollsten Reflexionen und zusammenfassenden, tiefphilosophischen Gedanken. Wir heben Dieses deßhalb etwas einläßlich und eindringlich hervor, weil die einseitigen Anhänger der mechanischen Naturerklärung gerne den Teleologen den Vorwurf machen, als ignoriren sie die Thatsachen, die Empirie, lassen sich nur von der Phantasie leiten und von ihren subjectiven Gedanken, die der Begründung durch die Thatsachen entbehren. Gegen einen solchen Vorwurf müssen wir Aristoteles in Schutz nehmen. Wie sehr er die Thatsachen betont, ist auch aus folgenden Stellen ersichtlich: Phys. I, 8 bezeichnet er den **Mangel an Erfahrungen** als Grund, weßhalb die vorsokratischen Philosophen auf Abwege geriethen in der Erforschung der Natur. de caelo III, 8 verwirft er das Festhalten an vorgefaßten Meinungen, de generat. et corrupt. I, 2 betont er sehr den Nutzen der Erfahrung. Besonders die Schrift de generat. animal. enthält mehrere diesbezügliche Gedanken, z. B. II, 7: „Solche Beweise, welche nicht auf der eigenthümlichen Natur der Dinge ruhen, sind nichtssagend und scheinen nur die Dinge zu erklären, ohne dieß wirklich zu thun". III, 10 bemerkt er bezüglich der Entstehung der Bienen: „Jedoch hat man darüber nicht ausreichende Beobachtungen, aber sollten diese gemacht werden, so **muß man der Beobachtung mehr Glauben schenken, als der Theorie und dieser nur, wenn sie zu dem gleichen Resultate führt wie die Erscheinungen**". Wir sehen, wenn heutzutage verlangt wird bezüglich der inductiven Methode, daß gegen eine Theorie, resp. Hypothese, keine Thatsache als Instanz vorliegen darf, so hat schon Aristoteles diesen Gedanken betont. Bemerkt V, 8, daß die Annahme, die Natur lasse weder etwas fehlen, noch thue sie etwas Vergebliches von dem, was in jedem einzelnen Falle möglich ist, „**auf Wahrnehmungen, resp. auf Thatsachen sich gründe**". Also rücksichtlich der Teleologie beruft er sich auf Thatsachen. Wir sehen so, daß die von der modernen Naturwissenschaft angewandte inductive Methode schon bei Aristoteles sich findet. Freilich wurde dieselbe in neuerer Zeit vervollkommnet; die Beobachtung wurde verschärft durch Hülfsmittel, die Aristoteles fehlten, z. B. durch das Mikroskop, Teleskop u. s. w.; das Experiment wurde weiter ausgebildet. Aber die erkenntniß-theoretische, die tiefere philosophische Begründung dieser Methode findet sich schon bei Aristoteles und nicht etwa erst im Novum Organon des Baco von Verulam.

Allein nun könnte Jemand den Einwurf machen: Aristoteles betont selbst so sehr die Thatsachen. Die Naturwissenschaften haben jedoch seit Aristoteles riesige Fortschritte gemacht. Die Anzahl der von ihm gekannten Thatsachen steht in keinem Verhältnisse zu der Menge der jetzt erkannten Details. Also ist die Naturphilosophie des Stagiriten ein längst überwundener Standpunkt. Die Forderung ist unberechtigt, daß die Naturphilosophie in der Gegenwart auf aristotelischer Basis reconstruirt werden soll u. s. w. Auf diesen Einwurf antwortet Dr. Schneid in seiner trefflichen Schrift: „Die scholastische Lehre von Materie und Form und ihre Harmonie mit den Thatsachen der Naturwissenschaft". (Siehe fünftes Capitel: „Die Physik und

Metaphysik der Alten".) Er macht unter Anderm darauf aufmerksam, daß Aristoteles und seine Schule bei der philosophischen Erkenntniß der Körperwelt „das Wesen des Körpers aus seinen gewöhnlichen Erscheinungen erschlossen haben", welche ohne Aufwand von Instrumenten erkennbar sind und weist sodann darauf hin, daß diese Eigenschaften auch durch die neuere Naturwissenschaft bestätigt werden. „Ihrem erkenntniß=theoretischen Grundsatze getreu, daß in den Erscheinungen das Wesen sich offenbare, haben sie, wie bei allen andern Dingen, so auch beim Körper, aus Dem, was bei seinem Entstehen und Vergehen sich zeigt, und aus den allbekannten Eigenschaften der Ausdehnung, Figur u. dgl. sein Wesen zu erkennen gesucht. Diese Thatsachen des Entstehens und Vergehens, der Ausdehnung und Bewegung und aller übrigen Eigenschaften sind aber durch die moderne Naturforschung nicht umgestoßen worden; sie sind noch untrüglich und Jedermann zugänglich wie damals, und es ist darum vollständig unwahr, wenn man sagt, die Lehre von Materie und Form beruhe auf falscher Natur= erkenntniß"[2]) (pg. 115). Es ist also, dem Gesagten zu Folge, so sehr die fortgeschrittene Detailforschung zu schätzen ist, kein Grund vorhanden, deßhalb die Principien der aristote= lischen Naturphilosophie zu verwerfen. — Sodann macht Schneid mit Recht darauf aufmerksam, daß es, so werthvoll die Erforschung des Einzelnen ist, bei einer philosophischen Natur= erkenntniß nicht sowohl auf die Anzahl der Detailkenntnisse, als vielmehr auf die Schärfe des philosophischen Geistes ankommt. „Ein tiefer Denker vermag bei geringer Kenntniß der Natur viel weiter vorzudringen, als ein gewöhnlicher Geist bei vielfacher Erkenntniß der Erscheinungs= welt. Es ist vollkommen wahr, was Eucken sagt: ‚Wir befinden uns hier in einem Gebiete, wo mehr als die Thatsachen der äußern Erfahrung die Persönlichkeit des Denkers entscheidet, wo mehr als bloße Verstandesschärfe und Sorgfalt in der Beobachtung die Energie der intel= lectuellen Anschauung, die Richtung des Willens, die Stimmung des Gemüthes, die persön= liche Lebenserfahrung ihren Einfluß geltend machen'[3]). (Rede über die Bedeutung der aristote= lischen Philosophie für die Gegenwart, pg. 18.) Darin liegt auch der Grund, daß der Fortschritt in der Philosophie nicht ein stetiger ist, wie in der Naturerkenntniß, sondern daß hier ein einzelner Geist oft weit über seine Zeitgenossen hinausragt und Jahrhunderten vor= aneilt und so tief in die Natur der Dinge schaut, daß seine Anschauungen noch nach Jahr= tausenden gelten, ja unveränderlich und ewig bauern, weil er das Unveränderliche und Ewige in den Dingen geschaut. Und ein solcher genialer Geist ist Aristoteles."

Trefflich handelt über diesen Punkt auch Dr. Pfeifer in seiner Schrift: „Harmonische Beziehungen zwischen Scholastik und moderner Naturwissenschaft"[4]). Er citirt pg. 32 eine Stelle aus der Schrift Tyndalls: „Das Licht. Sechs Vorlesungen. Uebersetzt von Gustav Wiedemann". S. 136. „Das wissenschaftliche Verständniß gleicht einer Lampe, die nicht eher brennt und leuchtet, als bis sie mittels des Dochtes der Beobachtung oder des Versuches angezündet worden ist. Das Licht aber, das in Folge des Anzündens ausstrahlt, kann in Folge der dem Geiste eigenen Kraft um das Millionenfache das des Dochtes über= treffen, von dem es ausging. Man kann in der That sagen, daß sie in einem unmeßbaren Verhältnisse zu einander stehen; einige wenige unscheinbare und einzelstehende That= sachen genügen durch ihre Wirkung auf den Geist Principien von unberechen= barer Anwendung und Ausdehnung zu entwickeln." Hiezu bemerkt Pfeifer pg. 34: „Die Wahrheit dieses Ausspruches bezeugt die Geschichte der Wissenschaften, insbesondere der physikalischen. Im Geiste der genialen Entdecker neuer und fundamentaler Wahrheiten, wie z. B. des Archimedes, Galilei, Newton, Huyghens, entstanden die ersten Ideen ihrer welt= berühmten wissenschaftlichen Entdeckungen in Folge der Beobachtung vereinzelter und ganz gewöhnlicher Erscheinungen. Obwohl nun Tyndall die angeführten Worte offenbar zunächst nur auf die Naturwissenschaften bezieht, so haben sie doch eine allgemeinere, auch für andere Gebiete der Wissenschaft, insbesondere für die Philosophie geltende Tragweite. Nicht blos bei den Koryphäen der Naturwissenschaft, sondern auch bei jenen der Philosophie finden wir dieß, daß bei der Auffindung der fundamentalsten Wahrheiten und Principien nicht die Menge und Qualität der beobachteten Thatsachen, sondern die Tiefe und Schärfe der intellectuellen Auffassung und Verwerthung das am meisten Entscheidende ist." Pfeifer bemerkt weiter, daß Dieses ganz besonders vom hl. Thomas gelte und mit Recht. Aber es gilt auch von seinem philosophischen Lehrmeister Aristoteles, der, mit der Schärfe seines Geistes ausgehend von den gewöhnlichen Erscheinungen Principien gefunden hat von der größten Tragweite, unter die sich auch die Thatsachen der neuern Naturwissenschaft subsummiren lassen. Doch genug hievon.

Zum Schlusse unserer Abhandlung über die Methode des Aristoteles nur noch eines. Aristoteles geht bei Lösung eines philosophischen Problems immer so vor, daß er eine Umschau hält über die Erörterungen, welche in Betreff des zu lösenden Problems von seinen Vorgängern gegeben wurden und dann erst folgt seine eigene Lösung. Dabei verhält er sich den Vorgängern gegenüber nicht einseitig zurückweisend, sondern prüft ihre Lehren in sehr eingehender Weise, so daß wir die Doctrinen mehrerer Vorgänger des Aristoteles, deren Schriften ganz oder theilweise verloren gegangen sind, gerade durch ihn am Besten kennen lernen. So verhält es sich denn auch mit seiner Naturphilosophie. Aristoteles führt in seinen Schriften mehrere Gründe an, warum er zuerst auf die Lehren der frühern Philosophen zu sprechen kommt. Z. B. Metaphysik (XIII, 1). „So müssen wir zuerst die Behauptungen der andern Philosophen in Betracht ziehen, damit wir im einen Fall, wenn sie im Irrthum sind, nicht der gleichen Fehler uns schuldig machen, im andern Fall, wenn wir eine Lehrmeinung mit ihnen gemein haben, nicht uns allein darob anklagen; denn man muß schon zufrieden sein, wenn Jemand Einiges richtiger, Anderes wenigstens nicht schlechter lehrt". Ferner Phys. I, 2: „Dennoch aber, da es sich trifft, daß Jene, wenn sie auch eigentlich nicht über die Natur sprechen, doch Schwierigkeiten berühren, welche die Natur betreffen, so ist es vielleicht gut, ein Weniges über dieselben zu erörtern; denn die Erwägung der Bedenken enthält schon Philosophie in sich". Freilich, bei gar zu thörichten Behauptungen will er sich nicht lange aufhalten, „doch ist es wohl ebenso thöricht, thörichte Behauptungen allzusehr zu erörtern". Wir würden demnach nicht im Sinne und Geiste des Stagiriten handeln, wenn wir vor der Darstellung seiner eigenen Lehren nicht auch das berücksichtigen würden, was die griechische Naturphilosophie vor ihm geleistet hat und namentlich die Kritik des Aristoteles über ihre Leistungen. Wer war befähigter zu einer solchen Kritik als Aristoteles, der die Lehren seiner Vorgänger gewiß besser kannte, als es einem Geschichtsschreiber der Jetztzeit möglich ist? Diese Kritik des Aristoteles über seine Vorgänger soll uns nun zunächst beschäftigen.

II. Kritik des Aristoteles über seine Vorgänger.

Eine solche Prüfung nimmt nun Aristoteles gleich im ersten Buche seiner Metaphysik vor. Er bestimmt zunächst den Begriff der wahren Weisheit, σοφία, als welche er die „erste Philosophie", die Metaphysik bezeichnet, und kommt zu dem Schlusse, daß die wahre Weisheit sich mit den letzten Gründen und Principien des Seienden beschäftige. (I, 1.) „σοφίαν περὶ τὰ πρῶτα αἴτια καὶ τὰς ἀρχάς". Cap. 2 bemerkt er, daß diese Wissenschaft nicht wie die andern Wissenschaften wieder zu anderweitigem Gebrauche gesucht werde, sondern Selbstzweck sei. Er nennt sie auch eine göttliche, weil Gott dieselbe im vollkommensten Maße besitzt und weil Gott das vorzüglichste Object jener Wissenschaft ist. „Mögen daher alle andern

Wissenschaften nothwendiger sein als diese, besser als sie ist keine". Cap. 3 geht er nun dazu über, diese letzten Gründe aufzuzählen. Er nennt vier solcher letzter Ursachen: Nämlich 1. die Wesensform (εἶδος, μορφή oder auch οὐσία, τὸ τί ἦν εἶναι genannt); 2. die Materie (ὕλη); 3. die bewegende oder wirkende Ursache (τὸ κινητικόν); 4. den Zweck (τὸ οὗ ἕνεκα, τὸ τέλος) „τὰ δ'αἴτια λέγεται τετραχῶς, ὧν μίαν μὲν αἰτίαν φαμὲν εἶναι τὴν οὐσίαν καὶ τὸ τί ἦν εἶναι (ἀνάγεται γὰρ τὸ διὰ τί εἰς τὸν λόγον ἔσχατον, αἴτιον δὲ καὶ ἀρχὴ τὸ διὰ τί πρῶτον), ἑτέραν δὲ τὴν ὕλην καὶ τὸ ὑποκείμενον, τρίτην δὲ ὅθεν ἡ ἀρχὴ τῆς κινήσεως, τετάρτην δὲ τὴν ἀντικειμένην αἰτίαν ταύτῃ, τὸ οὗ ἕνεκα καὶ τ'ἀγαθόν. τέλος γὰρ γενέσεως καὶ κινήσεως πάσης τοῦτ'ἐστίν". Met. I, 3, cf. V, 2; VIII, 4; Phyſ. II, 3. Dieſe Lehre von den vier letzten Gründen bildet das eigentliche Fundament der ariſtoteliſchen Naturphiloſophie. (Die nähern Erörterungen des Ariſtoteles über jeden einzelnen derſelben ſpäter.) Dieſe Gründe ſind ihm auch die Geſichtspunkte, nach denen er ſeine Vorgänger beurtheilt (ſiehe Met. 1, 3).

Gleich im Anſchluſſe an die obgenannte Stelle bemerkt er: „Wir haben nun zwar über dieſe Urſachen hinlängliche Unterſuchung angeſtellt in den Büchern über die Natur; nichtsdeſtoweniger wollen wir auch die Frühern, die vor uns an die Erforſchung des Seienden ſich gemacht und über die Wahrheit philoſophirt haben, zur Berathung ziehen. Denn natürlich ſtellen auch dieſe gewiſſe Principien und Urſachen auf; eine nähere Prüfung derſelben kann alſo der jetzigen Unterſuchung nur förderlich ſein; denn entweder entdecken wir auf dieſem Wege eine neue Art von Principien oder überzeugen wir uns deſto feſter von der Richtigkeit unſerer eigenen, der eben angegebenen." (Metaphyſ. I, 3.) So geht nun Ariſtoteles über zur Kritik ſeiner Vorgänger. Das bezügliche Reſultat ſeiner Unterſuchungen iſt Folgendes: (Wir laſſen den Stagiriten möglichſt ſelbſt ſprechen. Siehe Met. I, 7.) „So haben wir denn in Kürze und überſichtlich auseinander geſetzt, von wem und wie über die Principien und die Wahrheit philoſophirt worden iſt; trotz der Kürze haben wir uns aber doch davon überzeugt, daß von Allen, die über die Principien und letzten Gründe gehandelt haben, keiner ein Princip aufgeſtellt hat, das nicht in den Beſtimmungen befaßt wäre, die wir in den phyſikaliſchen Büchern gegeben haben, und daß Alle, wenn auch undeutlich, doch in irgend welcher Weiſe die von uns aufgeſtellten Principien berühren." Die Einen nahmen, ſo führt er aus, nur ein materielles Princip an, andere zudem auch ein bewegendes. „Das Princip des begrifflichen Seins und des Weſens dagegen hat noch kein Philoſoph klar angegeben, am eheſten noch die Vertreter der Ideenlehre".

„Was endlich das vierte Princip, den Zweckbegriff, betrifft, ſo ſetzen jene Philoſophen Dasjenige, weswegen die Handlungen, Veränderungen und Bewegungen ſind, in gewiſſem Sinne zwar als Princip, doch nicht ſo, wie wir, und nicht auf die rechte Weiſe; denn Diejenigen, welche die Vernunft oder die Freundſchaft zum Princip machen, laſſen dieſe Principien zwar etwas Gutes ſein, aber ſie laſſen nicht um ihretwillen irgend etwas exiſtiren oder werden, ſondern ſie behandeln dieſelben bloß als Ausgangspunkte der Bewegung. Ebenſo verhält es ſich mit Denjenigen, die dem Eins oder dem Seienden eine derartige Stelle anweiſen; ſie laſſen dasſelbe zwar (Grund des Weſens ſein, nicht aber um ſeinetwillen irgend etwas exiſtiren oder werden. (Gewiſſermaßen machen ſie alſo das Gute (reſp. den Zweck) zur Urſache, gewiſſermaßen aber nicht; denn ſie machen es nicht ſchlechthin dazu, ſondern nur beziehungsweiſe. — Die Richtigkeit unſerer frühern Beſtimmungen über die Principien, ſowohl was die Zahl als die Art derſelben betrifft, bezeugen uns ſomit alle die genannten Philoſophen, indem ſie kein anderweitiges Princip aufzubringen wiſſen." cf. ferner I, 5 und I, 10.

An letzterer Stelle bemerkt er: „Die metaphysische Wissenschaft, noch im Kindesalter stehend, sprach im Anfang über Alles wie stammelnd". Betrachten wir nun, um dieses übersichtlich zusammenfassende Urtheil des Aristoteles zu verstehen, des Nähern noch seine historischen Entwickelungen. Von den frühesten Philosophen, so lehrt Aristoteles, Met. I, 3, haben die meisten nur in materiellen Principien die Gründe allen Seins gefunden. Zunächst die jonischen Naturphilosophen, die ein Element zum Princip des Seins machten: Thales das Wasser, Anaximenes die Luft. Sodann Heraklit das Feuer, Empedokles die vier Elemente, Anaxagoras die unendliche Zahl der Homöomerien. Er tadelt an den jonischen Naturphilosophen (Cap. 8) im Eingange, daß sie nur die Materie, nur Elemente für das Körperliche annehmen, da es doch auch Unkörperliches gebe. Er macht ihnen also einen krassen Materialismus zum Vorwurfe. „Ferner, während sie es unternehmen, die Gründe des Entstehens und Vergehens anzugeben und die Natur aller Dinge zu erklären, heben sie die bewegende Ursache auf. Ferner fehlen sie darin, daß sie dem Wesen und dem Begriff keine Stelle unter den Ursachen geben." Doch kehren wir zu I, 3 zurück. „Als man auf diesem Wege fortging, brach die Sache selbst Bahn und zwang zum Weiterforschen; denn wenn auch allerdings alles Vergehen und Entstehen aus Etwas ist, sei dieß nun ein einziger Grundstoff oder mehrere, warum findet es statt? und was ist die Ursache davon? Das Substrat bewirkt doch nicht selbst sein Anderswerden, so ist z. B. weder das Holz noch das Erz die Ursache seiner Veränderung, das Holz macht kein Bett und das Erz keine Bildsäule, sondern etwas Anderes ist Grund dieser Veränderung. Diesen Grund suchen, heißt, jenes andere Princip suchen, das wir als das Woher der Bewegung, als die bewegende Ursache bezeichnen." „Allein auch die genannten Principien erwiesen sich als unzureichend, die Natur des Seienden vollständig zu erklären. Man forschte daher wiederum, wie gesagt, von der Wahrheit selbst weiter getrieben, nach dem jetzt folgenden Princip. Daß nämlich die Dinge gut und schön sind und gut und schön werden, daran kann natürlich — und auch jene Männer können das nicht geglaubt haben — das Feuer, die Erde oder etwas anderes dergleichen nicht Schuld sein; ebensowenig ging es an, dem Ungefähr und dem Zufall etwas so Wichtiges anheimzustellen. Als daher Einer mit der Behauptung auftrat, wie den Geschöpfen, so wohne der ganzen Natur Vernunft inne als Ursache der Welt und ihrer gesammten Ordnung, so mußte ein solcher wie ein Bewußter erscheinen im Vergleich mit den bedachtlos redenden Frühern. Anaxagoras ist es, der diesen Gedanken zuerst gefaßt hat; wenigstens wissen wir es von diesem sicher; doch heißt es, vorher habe ihn noch Hermotinos, der Klazomenier, ausgesprochen. Diejenigen, die dieser Ansicht sind, haben also die Ursache des Guten zugleich zum Princip des Seienden und zwar zum Princip der Bewegung gemacht."

Auch Empedokles hat ein Princip des Guten aufgestellt, die $\varphi\iota\lambda\iota\alpha$, diesem gegenüberstehend den $\nu\epsilon\tilde{\iota}\kappa o\varsigma$, den Streit als Princip des Bösen in der Natur. Es sind dieses zwei entgegengesetzte Principien der Bewegung, neben denen er vier materielle Elemente annimmt.

Aristoteles findet nun zwar, daß Empedokles und Anaxagoras durch die Annahme der genannten Principien einen Anlauf zur Teleologie machten, aber er klagt, daß sie ihre Lehre doch nur mechanisch durchgeführt haben. Jene Principien werden von ihnen nur als solche betrachtet, die den Impuls zur Bewegung geben, nicht als eigentliche Zweckursachen im Sinne des Aristoteles. „Diese Männer also haben bis dahin, wie gesagt, zwei von jenen Principien, die wir in den Büchern über die Natur festgestellt haben, berührt, die Materie und den Grund der Bewegung, jedoch undeutlich und ohne klare Bestimmtheit; sie sind verfahren, wie die im Kampfe Ungeübten. Wie letztere beim Umsichschlagen manchen braven

Hieb führen, aber es nicht kunstgerecht thun, so scheinen auch Jene ohne Bewußtsein zu reden, wenigstens machen sie von ihren Principien keinen oder geringen Gebrauch. So macht Anaxagoras in seiner Erklärung des Weltursprungs einen ganz mechanischen Gebrauch von seiner „Vernunft"; wenn er den Nothwendigkeitsgrund von irgend etwas nicht angeben kann, dann zieht er sie herbei, im Uebrigen aber sucht er die Ursache des Gewordenen in Allem eher, als in der Vernunft. Empedokles seinerseits wendet seine Principien mehr an als Anaxagoras, doch auch nicht hinlänglich." Met. I, 4. cf. I, 7.

Was die Eleaten betrifft, siehe die Kritik Met. I, 5; Phys. I, 2; de cœlo III, 1; de generat. et corrupt. I, 8.

Scharf ist die Kritik, welche er über die Atomisten Leukipp und Demokrit übt. Was uns hier besonders interessirt, ist, daß er ihnen wiederholt die Vernachlässigung der Zweckursache zum Vorwurf macht, so z. B. de generat. an. V, 8 bei Anlaß der Besprechung über den Zweck der Zähne.

„Demokrit aber hat die Zweckursache außer Acht gelassen und führt Alles, was die Natur gebraucht, auf die Nothwendigkeit zurück. Nun haben allerdings die natürlichen Einrichtungen nothwendigerweise die und die Beschaffenheit, jedoch um eines Zweckes willen und damit jedes einzelne auf's Beste werbe. . . . Führt man aber nur die Nothwendigkeit als Ursache auf, so ist dies gerade so, als wenn man glaubte, daß das Wasser bei einem Wassersüchtigen ausfließt, wegen des Messers, nicht aber wegen Wiederherstellung der Gesundheit, um deretwillen das Messer den Schnitt machte."

Was die Beurtheilung des Pythagoräer betrifft, siehe besonders Met. I, 5, ferner I, 8. — Was die Sophisten anbelangt, beschäftigten sich dieselben nicht mit der Naturphilosophie, sondern mit der Rhetorik und erkenntniß-theoretischen Problemen. Sie kommen also hier nicht in Betracht.

Hören wir nun das Urtheil über Sokrates: In Bezug auf Sokrates anerkennt Aristoteles als großes Verdienst desselben seine Methode, durch die er in der Erkenntniß zu allgemeinern Begriffsbestimmungen zu gelangen suchte. So bemerkt er, Met. I, 6, daß Sokrates zuerst die Begriffsbestimmungen zum Gegenstande seines Nachdenkens gemacht habe. Vergl. Metaphysik XIII, 4. „Zweierlei kann man dem Sokrates mit Recht zuschreiben, die Induction und die Definition, welche beide auf das Princip der Wissenschaft sich beziehen." Jedoch bemerkt er, daß Sokrates sich nur auf das Ethische beschränkt habe, keine Naturphilosophie bei ihm sich finde und er nur auf das ethische Gebiet seine allgemeinen Begriffsbestimmungen ausdehne. Met. I, 6. „Sokrates beschäftigte sich mit dem Sittlichen und gar nicht mit der gesammten Natur; im Sittlichen aber suchte er das Allgemeine auf". cf. de part. animal. I, 1. Daß Sokrates im Unterschied zu den vorsokratischen Philosophen sich hauptsächlich mit der Ethik beschäftigte, ist sehr klar aus Dem, was uns Plato und Xenophon berichten. Demgemäß, was Aristoteles sagt, würde also Sokrates, wenn es sich um Naturphilosophie handelt, gar nicht in Betracht kommen. Allein es könnte nun dem Leser der xenophontischen Memorabilien sehr auffällig vorkommen, daß Aristoteles, der ja doch die Teleologie so sehr betont, der teleologischen Natur- und Gotteslehre des Sokrates, wie sie uns Xenophon berichtet, keine Erwähnung thut. Bleiben wir, bevor wir auf Plato übergehen, etwas bei diesem Punkte stehen. — Xenophon giebt Memorabl. I, 1, ausdrücklich zu, daß Sokrates von der Kosmologie, wie wir sie bei seinen Vorgängern finden, sich abwandte und auf die Ethik beschränkte. cf. IV, 7. Bezüglich seiner Naturteleologie hat wohl Zeller das Richtige getroffen, wenn er in seiner Geschichte der griechischen Philosophie II, 1, pg. 95 schreibt: „War es ihm dagegen nicht um das Wissen überhaupt, sondern zunächst um die Bildung und Erziehung des Menschen durch das Wissen zu thun, so ist natürlich, daß er sich mit seiner Forschung einseitig den menschlichen Zuständen und Thätigkeiten zuwandte und die Natur eben nur nach ihrem Nutzen für den Menschen in Betracht zog. Nun hat er allerdings schon durch diese Teleologie einen Keim für naturphilosophische und metaphysische Untersuchungen ausgestreut, der in Plato und Aristoteles höchst fruchtbar aufgegangen ist, aber dieses neue naturphilosophische Princip hat sich ihm nur als eine Art Nebenprodukt seiner ethischen Untersuchungen ergeben, ohne daß er selbst sich seiner Tragweite bewußt wäre; sein bewußtes Interesse gilt nur der Ethik, und die teleologische Naturbetrachtung selbst soll seiner Absicht nach dem moralischen Zwecke dienen, seine Freunde zur Frömmigkeit zu ermahnen." cf. pg. 115 und 116.

In dem von Zeller Gesagten dürfen wir auch den Grund suchen, daß Aristoteles der sokratischen Teleologie keine Aufmerksamkeit schenkt. Die Teleologie des Sokrates hat keinen streng naturphilosophischen, sondern einen ethischen Charakter. Sokrates forscht nicht über die Natur um ihrer selbst willen, wie Aristoteles thut; er macht nicht die Natur als solche zum Gegenstande physischer und metaphysischer Erörterungen. Er berücksichtigt nicht die immanente Zweckmäßigkeit der Naturwesen, welche Aristoteles so sehr betont, sondern will nur zeigen, wie die Götter so gut für den Menschen gesorgt hätten, indem sie die Natur zu ihrem Nutzen einrichteten. Dieser Gedanke des Sokrates, daß die Natur für den Menschen da sei, hat zwar seine Berechtigung und wird auch von Aristoteles hervorgehoben; allein das ist nur eine Seite der Teleologie. — Sokrates will die göttliche Vorsehung beweisen und dadurch den ethischen Effekt erreichen, daß die Tugend der Frömmigkeit in den Menschen wachgerufen wird. Siehe die schöne Darstellung des sokratischen Gedankens bei Xenophon. Memorabilien I, 4 und IV, 3. Hat auch die Teleologie des Sokrates keinen streng naturphilosophischen Charakter, so wäre es doch gefehlt, wenn man sie durchaus verachten wollte. So hebt er z. B. I, 4 sehr schön die teleologische Bedeutung der Hände hervor, welche das Werkzeug des menschlichen Geistes sind. „Dem Menschen haben sie außerdem noch Hände gegeben, welche uns zu dem Meisten verhelfen, was wir an Glückseligkeit vor den Thieren voraus haben." Bemerkt sodann, daß die Hände den Thieren nichts nützen würden, weil sie keine Vernunft haben. (Vgl. was Aristoteles über die Hände sagt.) Das Hauptverdienst des Sokrates besteht aber in dieser Beziehung darin, daß er den teleologischen Gottesbeweis begründet hat, der in der so zweckmäßig eingerichteten Natur das Werk der weisen Gottheit erblickt.

Was die sogenannten einseitigen Sokratiker betrifft, so werden dieselben bei Aristoteles kaum erwähnt. Wie zu erwarten, betrachtet er dagegen das System seines Lehrers Plato.

Wenn schon Sokrates das Verdienst zugeschrieben werden muß, eine höhere ideale Naturauffassung begründet zu haben, wie viel mehr muß dann dieses Verdienst Plato zuerkannt werden! Plato hat in seinem idealen Geistesfluge den Materialismus, dem die meisten vorsokratischen Philosophen huldigten, überwunden, indem er die Dinge dieser sichtbaren Welt als Nachbilder der Ideen betrachtete. Die Art und Weise freilich, in welcher Plato seine ideale Naturlehre begründet, findet bei dem Stagiriten nicht Beifall. Was die Beurtheilung des platonischen Systems durch Aristoteles betrifft, kommt hier vor Allem die Polemik gegen dessen Ideenlehre in Betracht. Es seien hier einige Einwürfe erwähnt (von besonderer Bedeutung ist in dieser Beziehung Met. I, 9): Der Stagirite macht unter Anderm die Objection, daß Plato die Frage nach dem Wesen der sichtbaren Dinge nicht befriedigend gelöst habe. „Auch helfen sie (die Ideen) weder etwas zur wissenschaftlichen Erkenntniß der Dinge (denn sie sind ja nicht das Wesen derselben, sonst wären sie in ihnen), noch zu ihrem Sein, da sie Demjenigen nicht innewohnen, welches an ihnen Theil nimmt". Met. I, 9. cf. I, 6; I, 7.

Ferner wendet Aristoteles ein, daß durch die Ideenlehre die Frage nach dem Entstehen und Vergehen, überhaupt nach dem Ursprunge der Bewegung, nicht gelöst werde, da die Ideen nicht bewegende Ursachen seien. I, 9. „Am meisten aber drängt sich die Frage auf, was denn eigentlich die Ideen dem Entstehenden und Vergehenden für Vortheil bringen, denn sie sind für dasselbe keiner Bewegung und keiner anderen Veränderung Grund". Ferner: „Ueberhaupt haben wir (Platoniker) Dasjenige außer Acht gelassen, was die eigentliche Aufgabe der Philosophie ist, nämlich die Ursache des Sichtbaren aufzusuchen; denn von der Ursache, aus welcher der Ursprung der Veränderung abzuleiten ist, sagen wir nichts".

Endlich bemerkt Aristoteles, daß die Zweckursache durch die Ideenlehre nicht berücksichtigt sei; siehe Met. I, 7. Ferner I, 9: „Aber auch zu Demjenigen, was der letzte Grund für die Wissenschaft ist, um dessen willen Vernunft und Natur wirken, nicht einmal zu dieser Ursache (zur Zweckursache), die wir als eines der Principien setzen, stehen die Ideen in irgend welcher Beziehung".

So sehen wir denn, daß Aristoteles bei allen seinen Vorgängern ohne Ausnahme Eines besonders vermißt, nämlich eine befriedigende Lehre von der Zweckursache. Die Finalursache ist nun aber dem Stagiriten die wichtigste; die Lehre von derselben bildet das eigentliche Fundament seiner Naturphilosophie. Sehen wir nun, wie Aristoteles positiv die Naturteleologie begründet hat.

Zweiter Abschnitt.
Die Lehre von der Zweckursache.

Wenn wir die Lehre des Stagiriten über die Causa finalis betrachten, können wir folgende Gesichtspunkte unterscheiden:

1. Der einzelne Theil des Organismus hat zunächst einen Zweck für sich, und so kommt auch jedem Naturwesen ein selbstständiger, immanenter Zweck zu, der in seiner eigenthümlichen Thätigkeit und Vollkommenheit, also in seinem eigenen Wesen besteht. 2. Ein Theil des Organismus ist sodann für den andern da, das niedere Organ für das höhere und alle Theile für das Ganze. So sind auch in der Natur die einzelnen Wesen für die andern da, die niedern für die höhern und schließlich alle für die Vollkommenheit des Ganzen, so daß im ganzen Universum eine Zweckordnung herrscht. 3. Wir können nicht eine unendliche Reihe von Zwecken annehmen, sondern müssen bei einem letzten und höchsten Zwecke stehen bleiben; dieser ist Gott.

Sehr klar hebt diese Gesichtspunkte hervor Thomas von Aquin. Siehe S. Theol. I. Quæst LXV. Art. 2. In diesem Artikel, der sich mit der Frage beschäftigt: «Utrum creatura corporalis sit facta propter Dei bonitatem», widerlegt er zuerst die Irrlehre des Origenes und der Priscillianisten, welche behaupteten, die körperliche Creatur sei nicht aus der ersten Intention Gottes entstanden, sondern nur zur Strafe für die Sünden der geistigen Geschöpfe. Dann fährt der Aquinate folgendermaßen weiter: «Unde, hac positione remota tanquam erronea, considerandum est quod ex omnibus creaturis constituitur totum universum, sicut totum ex partibus. Si autem alicujus totius et partium ejus velimus finem assignare, inveniemus, primo quidem, quod singulæ partes sunt propter suos actus, sicut oculus ad videndum: secundo vero, quod pars ignobilior est propter nobiliorem; sicut sensus propter intellectum, et pulmo propter cor: tertio vero omnes partes sunt propter perfectionem totius, sicut et materia propter formam; partes enim sunt quasi materia totius. Ulterius autem, totus homo est propter aliquem finem extrinsecum; puta ut fruatur Deo. Sic igitur et in partibus universi unaquæque creatura est propter suum proprium actum et perfectionem. Secundo autem, creaturæ ignobiliores sunt propter nobiliores; sicut creaturæ quæ sunt infra hominem, sunt propter hominem. Singulæ autem creaturæ sunt propter perfectionem totius universi. Ulterius autem, totum universum cum singulis suis partibus ordinatur in Deum, sicut in finem; inquantum in eis per quamdam imitationem divinæ bonitas repræsentatur ad gloriam Dei. Quamvis creaturæ rationales speciali quodam modo supra hoc habeant finem Deum, quem attingere possunt sua operatione cognoscendo et amando. Et sic patet, quod divina bonitas est finis omnium corporalium.» Daß diese Gesichtspunkte bei Aristoteles sich wirklich finden, wird sich aus dem Folgenden deutlich ergeben; wir wollen nach denselben das große Material ordnen⁵).

1. Der immanente Zweck.

Wir haben bereits hervorgehoben, daß Aristoteles vier Arten von Ursachen ($ai\tau ia$) unterscheidet. Einläßlich handelt er über den Begriff „Ursache" Metaphys. V, 2. Aus den bezüglichen Entwicklungen ergiebt sich, daß der Stagirite alles Das als Ursache bezeichnet, was in irgend einer Weise zur Entstehung eines Dinges beiträgt. Da nun Dieses auf verschiedene Weise geschehen kann, haben wir vier verschiedene Arten von Ursachen. — Damit haben wir bereits angedeutet, daß der Ableitung derselben ein Begriff zu Grunde liegt, der in dem aristotelischen System eine sehr wichtige Rolle spielt, nämlich der Begriff des Werdens (siehe namentlich die bezüglichen Erörterungen seiner Physik, I. Buch). Das Werden ($\gamma \acute{\varepsilon} \nu \varepsilon \sigma \iota \varsigma$) ist eine Unterart des Begriffes Veränderung ($\mu \varepsilon \tau \alpha \beta o \lambda \acute{\eta}$). Phys. III, 1 macht uns den Eindruck, als ob der Stagirite die Begriffe $\mu \varepsilon \tau \alpha \beta o \lambda \acute{\eta}$ und $\varkappa \acute{\iota} \nu \eta \sigma \iota \varsigma$ (Bewegung) durchaus identificiren würde. Dagegen Phys. V, 1 unterscheidet er genauer: Aus den dortigen Auseinandersetzungen ergiebt sich, daß Aristoteles vier Arten der Veränderung unterscheidet: 1. Eine solche, welche das Sein des Objectes selbst betrifft ($\varkappa \alpha \tau ' o \acute{v} \sigma \acute{\iota} \alpha \nu$), die substantiale Veränderung, nämlich das Werden und Vergehen ($\gamma \acute{\varepsilon} \nu \varepsilon \sigma \iota \varsigma \varkappa \alpha \grave{\iota} \varphi \vartheta o \varrho \acute{\alpha}$). Die übrigen Veränderungen beziehen sich nur auf die Accidentien, nicht auf die Substanz des Objectes und zwar 2. die qualitative Veränderung ($\varkappa \alpha \tau \grave{\alpha} \tau \grave{o} \pi o \iota \acute{o} \nu, \dot{\alpha} \lambda \lambda o \iota \omega \sigma \iota \varsigma$); 3. die quantitative ($\varkappa \alpha \tau \grave{\alpha} \tau \grave{o} \pi o \sigma \acute{o} \nu$, die Zu- und Abnahme ($\alpha \ddot{v} \xi \eta \sigma \iota \varsigma \varkappa \alpha \grave{\iota} \varphi \vartheta \acute{\iota} \sigma \iota \varsigma$) und 4. die locale Veränderung ($\tau \grave{\eta} \nu \varkappa \alpha \tau \grave{\alpha} \tau \acute{o} \pi o \nu, \varphi o \varrho \acute{\alpha}$). Er bemerkt sodann ausdrücklich, daß nur die letzteren drei Arten unter den Begriff Bewegung fallen, das Werden und Vergehen aber nicht, so daß jede Bewegung eine Veränderung, nicht aber jede Veränderung eine Bewegung wäre.

Den Begriff Bewegung $\varkappa \acute{\iota} \nu \eta \sigma \iota \varsigma$ definirt er Phys. III, 1 und an andern Stellen: $\acute{\eta} \tau o \~{v} \delta v \nu \acute{\alpha} \mu \varepsilon \iota \ddot{o} \nu \tau o \varsigma \grave{\varepsilon} \nu \tau \varepsilon \lambda \acute{\varepsilon} \chi \varepsilon \iota \alpha, \~{\eta} \tau o \iota o \~{v} \tau o \nu, \varkappa \acute{\iota} \nu \eta \sigma \acute{\iota} \varsigma \grave{\varepsilon} \sigma \tau \iota \nu$ (siehe die weitläufigen Auseinandersetzungen über diesen Begriff in unserer Arbeit: „Der Beweis des hl. Thomas von Aquin für die Existenz eines transcendenten Ersten Bewegers der Welt". Monatrosen 1882⁶).

Betrachten wir nun näher den Begriff des Werdens. Das Werden vollzieht sich in Gegensätzen „aus etwas zu etwas". Es ist dazu vorausgesetzt 1. Das, woraus etwas wird, ein Substrat, welches an und für sich noch unbestimmt ist, aber durch das Werden bestimmt wird; 2. das, wozu etwas wird, das bestimmende Princip. Jenes nennt Aristoteles die Materie ($\ddot{v} \lambda \eta$), letzteres die Form ($\varepsilon \~{\iota} \delta o \varsigma$). Die Materie besitzt die bloße Möglichkeit ($\delta \acute{v} \nu \alpha \mu \iota \varsigma$) zu Etwas zu werden; zu einem bestimmten Sein wird sie erst durch die Form, welche Wirklichkeit ($\grave{\varepsilon} \nu \tau \varepsilon \lambda \acute{\varepsilon} \chi \varepsilon \iota \alpha \pi \varrho \acute{\omega} \tau \eta$) ist.

Wir haben uns aber die Materie nicht etwa als bloße logische Möglichkeit zu denken, sondern als ein reales Substrat, als eine reale Potenz, welche ein constitutives Princip des

Körpers ist. Die Form ist nicht etwa eine bloße accidentelle, sondern ein inneres Seins=
princip, wodurch das Ding seinem innern Wesen nach das ist, was es ist, z. B. wird durch
sie die Pflanze zur Pflanze, das Thier zum Thier. Daher ist ein correlativer Begriff zu
Form οὐσία, Wesen, Substanz. — Eine mit dem Ausdrucke „Form" verwandte Bezeichnung
ist: τὸ τί ἦν εἶναι. Diesen im Deutschen schwer wiederzugebenden Ausdruck erklärt Prantl in
seinem Commentar zu Phys. I, 8 S. 473 so: „Das τὸ τί ἦν εἶναι aber ist jenes „Sein"
(εἶναι) des Dinges, welches dem ursprünglich seienden (ἦν als Imperfect, d. h. was das
Ding von Anbeginn war) Was, d. h. Form und Zweck (τί), entspricht". Er verweist auf
Trendelenburg. Rhein. Mus. 1828, II, pg. 457 ff. cf. die Erklärung, welche Ueberweg in
seiner Gesch. der Philos. I, pg. 195 giebt. — Die Form ist das Object, das wir im all=
gemeinen Begriffe, resp. in der Definition erfassen; sie ist das dem Begriffe Entsprechende,
das Intelligible, weßhalb Aristoteles oft zu εἶδος beisetzt: κατὰ λόγον. Aus dem ergiebt
sich, daß nach Aristoteles das Allgemeine nicht getrennt ist von den Einzeldingen, sondern den=
selben immanent. In Wirklichkeit existirt nur das Einzelwesen, nicht getrennt von demselben
der Mensch an sich oder das Pferd an sich. Das Allgemeine ist nur wirklich im Einzeldinge
als Form desselben, z. B. der abstracte Begriff Mensch, wodurch wir die wesentlichen, allen
Menschen gemeinsamen Merkmale (vernünftiges Sinnenwesen) zusammenfassen, ist nicht außer=
halb der einzelnen Individuen in seiner Allgemeinheit wirklich, sondern das Allgemeine, welches
wir in der Definition aussprechen, ist realisirt in jedem einzelnen Menschen. (Wir wollten hier
in Kürze auf die so wichtigen Begriffe „Materie und Form" aufmerksam machen, soweit das
nothwendig erschien zum Verständniß des aristotelischen Zweckbegriffes; bezüglich weitläufigerer
Erörterungen verweisen wir unter Anderm auf die Schrift von Hertling „Materie und Form
und die Definition der Seele bei Aristoteles"[7]; ferner auf das schon erwähnte Buch von
Schneid. Namentlich möchten wir aber die Commentare des hl. Thomas von Aquin zu Ari=
stoteles betonen, welche zu den bezüglichen Theorien, die der Stagirite besonders in seiner
Metaphysik und Physik entwickelt, die trefflichsten Erläuterungen giebt[8]).

Aus dem Gesagten ergiebt sich, daß das Werden ein Uebergang ist von der Möglichkeit
zur Wirklichkeit. Die Ursache nun, welche zur Vermittlung dieses Ueberganges erfordert ist,
wird bewegende oder bewirkende Ursache genannt (κινητικόν). Z. B. um eine Analogie zu
gebrauchen: Holz und Steine sind zunächst nur in potentia ein Haus zu werden; soll das
Haus wirklich entstehen, so bedarf es einer bewegenden, bewirkenden Ursache, nämlich des
Baumeisters.

Wie wir gesehen, haben die drei besprochenen Ursachen ihre reelle Basis im „Werden",
sie sind Factoren, welche in die Vorgänge der Natur eingreifen und nicht etwa leere Abstrac=
tionen, als welche man namentlich die Begriffe Materie und Form oft bezeichnen will. So
verhält es sich auch mit dem Zweckbegriff. Der Zweck (τέλος) ist das Ziel des Werdens,
der Bewegung; Das, was durch dieselbe erreicht werden soll, τὸ οὗ ἕνεκα, d. h. Das, weß=
wegen eine Bewegung geschieht. Metaphys. I, 3. „Als vierte Ursache nehmen wir an die
der letztern (der bewegenden Ursache) gegenüberstehende Zweckursache und das Gute; denn dieses
ist das Ziel alles Werdens und jeder Bewegung". Wir sollen nicht nur fragen: Was ver=
ursacht die Bewegung, woher kommt sie, sondern auch, welches ist ihr Ziel? Met. V, 17.
„Ziel ist dasjenige, worauf die Bewegung und Handlung geht, nicht, woher sie kommt". —
Da nun alle Veränderung, resp. Bewegung ein Uebergang ist von der Möglichkeit zur Wirk=
lichkeit, die Actualität aber in der Form besteht, so begreifen wir, wenn Aristoteles Zweck und
Form identificirt. Der Zweck als Form, als Actualität, ist das Ziel, worauf das Werden
hingerichtet ist. Met. V, 4. „Form und Wesenheit sind das Ziel des Werdens". In Betreff

dieſer Jdentificirung ſiehe ferner Metaphyſ. V, 24 „τέλος μέν γάρ έστιν ή μορφή und VIII, 4; de generat. an. I, 1: „Die Weſenheit und der Zweck ſind Daſſelbe". Eine der wichtigſten dießbezüglichen Stellen iſt aber Phyſ. II, 7. Aus derſelben geht hervor, daß Form, bewegende Urſache und Zweck oft in Eins zuſammenfallen, ſo daß ſchließlich eine Reduction ſämmtlicher Urſachen auf zwei ſtattfinden kann: Materie und Form. „Es gehen aber die letztern drei der genannten Urſachen (Form, Bewegendes und Zweck) oft in Eins zuſammen; denn das Weſen und der Zweck ſind Eins, und Dasjenige, woher als erſtem die Bewegung ausgeht, iſt der Art nach wieder das nämliche mit dieſen beiden; denn ein Menſch erzeugt einen Menſchen und ſo überhaupt bei Allem, was dadurch, daß es bewegt wird, ſelbſt bewegend iſt". Ueberweg bemerkt in ſeiner Geſchichte der Philoſophie zu dieſer Stelle I, pg. 196: „Das Weſen und der Zweck ſind an ſich identiſch, da der Zweck eines jeden Objectes zunächſt in beſſen eigener vollentwickelter Form ſelbſt liegt (der immanente Zweck nämlich, durch beſſen Anerkennung ſich die ariſtoteliſche Zwecklehre weſentlich von einer ſpätern, äußerlichen Nützlichkeits-Teleologie unterſcheidet), und die Urſache der Bewegung iſt mit dem Zweck und Weſen wenigſtens der Art nach iden= tiſch, da ja, ſagt Ariſtoteles, der Menſch den Menſchen zeugt, überhaupt ein vollentwickeltes Gebilde, ein anderes der gleichen Art, ſo daß zwar nicht gerade diejenige Form ſelbſt, welche erſt werden ſoll, aber doch eine ihr gleichartige, die causa efficiens iſt. Jn den Organis= men iſt die ψυχή die Einheit jener drei Principien (de anima II, 4). Daneben giebt es ein Wirken von außen her (Mechanismus), wie z. B. bei dem Bau eines Hauſes, wobei die drei neben der ὕλη ſtehenden αἰτίαι von einander nicht nur begrifflich, ſondern auch ſachlich verſchieden ſind."

Durch das Letztere iſt bereits ein wichtiger Unterſchied angedeutet, den wir bei Ari= ſtoteles finden, nämlich der zwiſchen Natur und Kunſt. Derſelbe bemerkt, daß die Naturdinge in ſich ſelbſt das Princip der Bewegung beſitzen, während die Kunſt das Princip der Be= wegung in einem Andern hat; z. B. das Erz wird nicht durch ein inneres bewegendes Princip zur Statue, ſondern durch die äußere Wirkſamkeit des Künſtlers, während z. B. der Same durch ein in ihm ſelbſt liegendes, veränderndes Princip zur vollkommenen Pflanze ſich ent= wickelt. — Auch können wir bei den Werken menſchlicher Kunſt nicht ſagen: die bewegende Urſache und die Form des werdenden Dinges gehören derſelben Art an; denn z. B. der Bau= meiſter und das Haus ſind nicht gleichartig. — Ferner iſt den Werken der Natur der Zweck als Form immanent, bei der Kunſtthätigkeit iſt der Zweck ein äußerer, z. B. Zweck der Ent= wicklung des Samens iſt das Weſen der Pflanze ſelbſt; bei der Heilkunſt aber iſt der Zweck nicht die Heilkunſt, ſondern ein außer ihr Liegendes, die Geſundheit; ſiehe namentlich Phyſ. I, 1. cf. Metaphyſ. XII, 3. So begreifen wir, wenn der Stagirite die Kunſt als Nachahmung der Natur bezeichnet. Phyſ. II, 8. Wir ſehen, Derſelbe iſt weit davon entfernt, willkürlich Anſchauungen, welche von der menſchlichen Kunſt hergenommen ſind, auf die Natur über= zutragen; ſondern vielmehr gilt ihm die Kunſt als ein Nachbild der Natur. — Damit dürfte die teleologiſch ſo wichtige Jdentificirung von Form und Zweck klar gemacht ſein. Be= trachten wir nun eine Reihe von Conſequenzen, reſp. von allgemeinen Grundſätzen, die ſich daraus ergeben.

Wir haben geſehen: Materie und Form verhalten ſich wie Möglichkeit und Wirklichkeit. Es entſteht nun die wichtige Frage, welches iſt früher: die Potentialität oder die Wirklichkeit? Oder concreter gefaßt: das Ei iſt potentiell ein Küchlein, das Küchlein eine Henne. Welches iſt nun ſchließlich das Erſte: das Ei oder die Henne? Ariſtoteles antwortet: Zwar iſt, wenn wir ein beſtimmtes Jndividuum in's Auge faſſen, dieſes zuerſt ein Ei und wird erſt durch allmälige Entwicklung zur Henne, aber vor jenem Ei ist eine andere Henne, von der das Ei selbst kommt, und so ist schließlich die Actualität, die ausgebildete Form früher als die Potentialität; die Entelechie muß als das Erste bezeichnet werden. Damit haben wir nun einen teleologisch sehr wichtigen Satz gewonnen: Actus simpliciter prior quam potentia. Aristoteles begründet diesen Satz besonders im IX. Buche seiner Metaphysik. Er bemerkt zwar cp. 8 und 9, daß bei der Entstehung des Einzelnen die Potentialität der Actualität vorhergeht. So ist dieser bestimmte Mensch als Knabe zunächst blos der Möglichkeit nach ein Mann, d. h. er kann es in der Zukunft werden; aber vor jenem Knaben ist sowohl der Zeit als auch dem Wesen, d. h. der vollentwickelten Form nach ein Mann, der ihn gezeugt hat. IX, 8. „Auch hier erhellt also wieder, daß die Actualität auch in der vorliegenden Beziehung dem Werden und der Zeit nach früher ist als die Potentialität. Aber auch dem Wesen nach ist sie früher, z. B. der Mann früher als der Knabe und der Mensch früher als der Same; denn das Eine hat schon die Form, das andere nicht."

Da nun die Actualität identisch ist mit dem Zwecke, so folgt aus dem genannten Grundsatze eine sehr wichtige Wahrheit, nämlich die ideelle Priorität des Zweckes. Alle Potentialität in der Natur ist hingerichtet auf ein Ziel und dieses setzt voraus, daß das Ziel als Absicht früher ist als die Potentialität. Metaphys. IX, 8. „Das Weßwegen ist Princip und um eines Zieles willen ist das Werden. Ziel ist aber die Actualität und um eines Zweckes willen hat man die Potenz; denn nicht um die Sehkraft zu besitzen, sehen die lebendigen Wesen, sondern um zu sehen, besitzen sie die Sehkraft." cf. Metaphys. XII, 6; de amina III, 4; de part. an. I, 1, wo er zeigt, daß der Zweck als Begriff der Anfang ist in Natur und Kunst; ferner ibid. II, 1, wo er nachweist, daß Das, was der Entstehung nach das Letzte ist, nämlich der erreichte Zweck, dem Begriffe, resp. der Absicht nach das Erste bildet. So wird rücksichtlich des Zweckes das Letzte zum Ersten; die Causalreihe, welche bezüglich der Entstehung vorhanden ist, wird umgekehrt. Wir finden bei Aristoteles die tiefere Begründung des Satzes: „Finis est primum in intentione et ultimum in executione".

Mit dem genannten Satze steht ein anderer in naher Beziehung, nämlich das Ganze ist vor dem Theile, siehe z. B. Polit. I, 2. Das Ganze ist z. B. beim Organismus eben die vollentwickelte Form und diese ist Zweck. Zwar ist wohl der Entstehung nach der Theil vor dem Ganzen, aber die Idee des Ganzen, der vollentwickelten Form, ist vor dem einzelnen Theile und beherrscht die Entstehung des Dinges. Veranschaulichen wir diese Sätze an einem von Aristoteles oft gewählten Beispiele vom Bau eines Hauses: der Entstehung nach ist zwar wohl der einzelne Theil vor dem ganzen Hause; zuerst das Fundament, dann ein Stockwerk nach dem andern und schließlich das Dach. Aber vor diesen einzelnen Theilen ist die Idee des ganzen Hauses, des Endzweckes, im Gedanken des Baumeisters, nämlich der Bauplan des Ganzen. Weil der Baumeister diesen Plan hat, weil nach demselben dieses bestimmte Haus werden soll, deßhalb muß der und der Theil so und so beschaffen sein, muß die und die Aufeinanderfolge der Theile stattfinden. Die Idee des Ganzen, resp. des Zweckes, beherrscht die Entstehung der Theile. — So ist es auch in der Natur. Zwar entsteht wohl zuerst dieser, dann jener Theil, bis schließlich die ganze Pflanze da ist; aber im Keime derselben ist schon das Ganze der Anlage, dem Plane nach enthalten; weil die und die Pflanze als Endresultat werden soll, deßhalb nimmt die Entwicklung den und den Verlauf; die vollentwickelte Form als Zweck ist ideell vor der Ausbildung des einzelnen Theiles da und beherrscht die Entwicklung.

Der Stagirite belehrt uns Met. IX, 8 und 9: „Die Actualität ist besser als die

Potentialität". Da nun der Zweck mit der Entelechie identisch ist, so erscheint gegenüber der Materie der Zweck als das Bessere, Vollkommenere in der Natur. Nehmen wir den andern Satz hinzu, daß die Wirklichkeit vor der Möglichkeit ist, so begreifen wir die Stelle de cœlo I, 2 „τὸ γάρ τέλειον πρότερον τῇ φύσει τοῦ ἀτελοῦς", das Vollkommene ist von Natur aus ursprünglicher als das Unvollkommene. — So sehen wir denn, wie Aristoteles eine wahrhaft ideale Naturauffassung begründet hat. Die Form, resp. der Zweck ist das Intelligible, das der Vernunft Entsprechende; die Materie dagegen ist das Irrationale. Indem nun die Form die Materie überwindet, beherrscht, wird der Stoff vergeistigt. — Der Zweckbegriff ist bem Stagiriten bezüglich der Naturerkenntniß der wichtigste; denn der Zweck ist in erster Linie Ursache. Vgl. Metaphys. I, 2. „Die gebietendste der Wissenschaften endlich, gebietender als die dienende, ist diejenige, die den Zweck alles Thuns erkennt: dieser ist bei Allem das Gute, das Beste in der Natur." Derselbe herrscht in Natur und dadurch realisirt sie das Beste in sich, Met. XI, 8. „Der Zweck findet statt bei Demjenigen, was von Natur oder vom Denken aus wird". Phys. II, 5. „Denn eines Zweckes willen aber ist sowohl Alles, was durch die Denkfähigkeit, als auch Alles, was durch die Natur vollbracht wird". Phys. VIII, 7. „Wir nehmen an, daß das Bessere immer in der Natur vorhanden sei, wenn es möglich ist" (das Bessere ist eben der Zweck). cf. de generat. et corrupt. „ἐν ἅπασιν ἀεὶ τοῦ βελτίονος ὀρέγεσθαι φαμεν τὴν φύσιν". II, 10. — Ein Grundsatz, der sich bei Aristoteles unzählige Male wiederholt, ist der, daß die Natur nichts Ueberflüssiges, nichts Vergebliches, d. h. ohne Zweck thue. Vgl. de cœlo I, 4. „ὁ δὲ θεὸς καὶ ἡ φύσις οὐδὲν μάτην ποιοῦσιν"; II, 8; II, 11. „ἡ δὲ φύσις οὐδὲν ἀλόγως οὐδὲ μάτην ποιεῖ"; II, 12; de generat. et corrupt. I, 7; II, 6, II, 9. Der Stagirite findet die Natur so zweckmäßig, daß sie ihm vorkommt, wie vernünftiges, nach gewissen Intentionen handelndes Wesen, welches das Bessere voraussieht. „τὸ μέλλον ἔσεσθαι προνοούσης τῆς φύσεως". de cœlo II, 9. Da die Natur bestrebt ist, überall das Beste hervorzubringen, so begreifen wir, wenn Aristoteles den Produkten der Natur auch Schönheit zuschreibt: de juv. et senect. 4. „Es ist aber vernunftgemäß, daß wir die Natur in Allem das möglichst Schönste hervorbringen sehen". Ueber den Begriff des Guten und Schönen cf. Met. XIII, 3.

So sehr nun aber der Stagirite betont, daß in der Natur im Allgemeinen die Zweckmäßigkeit herrsche, giebt er doch andererseits auch zu, daß Ausnahmen vorkommen. Aristoteles unterscheidet nämlich vom Zwecke das „Nothwendige" (ἀναγκαῖον) und den „Zufall" (τύχη) in der Natur. Während nun der Zweck in der Form verwirklicht ist, wird dagegen die Materie als Grund solcher Erscheinungen bezeichnet, welche von der Zweckthätigkeit divergiren. Was zunächst den Begriff des Nothwendigen betrifft, unterscheidet Aristoteles wiederum drei Unterarten desselben: 1. die äußere, gewaltsame Nothwendigkeit, die des Zwanges; diese ist dann vorhanden, wenn Etwas durch äußern Zwang an seinem natürlichen Streben gehindert wird; 2. die innere Nothwendigkeit, welche in dem Begriffe liegt; denn das Ding kann sich nicht anders verhalten als „seinem Begriffe gemäß; cf. Metaphys. V, 5; XI, 8; 3. die dritte Art, die hier hauptsächlich in Betracht kommt, ist die „Nothwendigkeit der Materie". Was unter dieser zu verstehen ist, geht klar hervor aus de part. an. I, 1: „Es giebt aber bei den entstehenden Dingen eine dritte (Nothwendigkeit); denn wir nennen die Nahrung etwas Nothwendiges, aber nicht im Sinne einer der beiden erwähnten Arten, sondern weil es nicht möglich ist, ohne dieselbe zu bestehen; diese Nothwendigkeit beruht aber gleichsam auf einer Voraussetzung (ἐξ ὑποθέσεως). Wie nämlich das Beil, da es spalten soll, nothwendig hart sein und wenn es hart sein soll, von Erz oder Eisen sein muß, so muß auch der Körper, da er ein Werkzeug ist (denn jeder der Theile hat einen Zweck und ebenso auch das Ganze), nothwendig so beschaffen sein und aus so beschaffenen Theilen bestehen, wenn er jenes (Werkzeug) sein soll." Wir sehen so, daß die stoffliche Grundlage Bedingung ist zur Verwirklichung des Naturzweckes durch die Form. Gelingt es nun der Form, die Materie vollkommen zu beherrschen, so entsteht etwas Zweckmäßiges; setzt aber der Stoff Hindernisse entgegen, so erfolgen Erscheinungen, die nicht zweckmäßig sind, sondern auf einer blinden Naturnothwendigkeit beruhen. Manche Naturerscheinungen werden nun von Aristoteles auf eine solche mangelhafte Beherrschung der Materie durch die Form zurückgeführt, z. B. Mißgeburten, cf. namentlich seine Schrift de generat. animal.

Die Materie ist auch Grund des Zufalles; συμβεβηκός, τὸ ἀπὸ τύχης, τ'αὐτόματον. Unter συμβεβηκός versteht er Das, was nicht nothwendig durch die Wesenheit eines Dinges gefordert ist, was dem Dinge zukommen oder auch nicht zukommen kann, und weder immer, noch meistentheils stattfindet. cf. Metaph. V, 30; de coelo, I, 12. Näherhin wird es Zufall genannt, wenn die auf einen bestimmten Zweck hingerichtete Thätigkeit nebenbei einen Erfolg hat, auf den dieselbe nicht hingerichtet war, der also nicht Zweck ist. cf. Metaphysik V, 30; Phys. II, 5.

Er unterscheidet sodann genauer zwischen τύχη und αὐτόματον. Ist nämlich die betreffende auf einen Zweck hingerichtete Thätigkeit eine mit Bewußtsein gesetzte Willensthätigkeit (κατὰ προαίρεσιν), so ist das τύχη, sonst αὐτόματον; dieser letztere Begriff hat demnach einen weitern Umfang. Phys. II, 6. Als Grund des Zufälligen bezeichnet er, wie wir bereits angedeutet haben, die Materie. Diese ist unbestimmt, indifferent für verschiedene, ja entgegengesetzte Bestimmungen, Met. VI, 2. Wegen dieser Unbestimmtheit des Stoffes, der Mittel ist zur Verwirklichung des Zweckes, können Nebenwirkungen entstehen, auf welche die Thätigkeit ursprünglich nicht hingerichtet war. — Wird aber gefragt, ob etwa die Zweckordnung in der Natur dadurch entstanden sei, daß von den zufälligen Erzeugnissen gerade nur die lebensfähigen sich erhielten, so antwortet Aristoteles Phys. II, 8: „Es ist aber unmöglich, daß Dieses sich so verhalte; denn Dieses und Alles in der Natur geschieht entweder immer so oder doch meistentheils „τῶν δ'ἀπὸ τύχης καὶ τοῦ αὐτομάτου οὐδέν". cf. de coelo II, 8. „Es waltet in dem von Natur aus Bestehenden nicht der Zufall und was überall und allen Dingen zukömmt, ist nicht das Zufällige". Ferner „οὐδὲν γὰρ ὡς ἔτυχε ποιεῖ ἡ φύσις", Wir sehen: Nach Aristoteles ist die Herrschaft der Form über die Materie, das Zweckmäßige die allgemeine Regel; der Zufall ist nur eine Ausnahme von dieser Regel *).

Nach Feststellung dieser metaphysischen Grundsätze bezüglich der Teleologie, gehen wir über zur Besprechung eines Gebietes, auf dem Aristoteles hauptsächlich seine Zwecklehre begründet hat, nämlich des **organischen Lebens**. Sein Werk über die Pflanzen ist verloren gegangen (siehe Zeller, II, 2, pg. 69); so haben wir es denn besonders mit der **Zoologie und Anthropologie** zu thun. Wir werden in dieser Beziehung nachweisen, wie der Stagirite seine Naturauffassung inductiv begründet hat. Vor Allem wichtig ist nun seine Schrift über die Theile der Thiere (περὶ ζώων μορίων), welche herrliche Gedanken über die Natur-Teleologie enthält. Besonders kommt das erste Buch dieses Werkes in Betracht. Die Bedeutung desselben erscheint als eine um so höhere, da, wie Dr. Külb in einer trefflichen Einleitung zur Uebersetzung und Erläuterung genannter Schrift überzeugend nachweist, dieses erste Buch eine allgemeine Einleitung ist zu sämmtlichen naturhistorischen Schriften des Aristoteles (Sammlung von Osiander und Schwab pg. 1098 ff.). Nach seinen Erörterungen würde dieses Buch vor die Thiergeschichte gehören. Er hebt unter Anderm hervor, daß die Thiergeschichte ohne Einleitung sei und man ohne Eingang in den

Gegenstand hineingeworfen werde, während doch Aristoteles seine bedeutenderen Werke wenigstens mit einigen, seinem philosophischen Systeme entnommenen, Bemerkungen über den zu behandelnden Stoff und die gewählte Art der Darstellung einleite. Derselbe findet ferner, daß das erste Buch der Thiergeschichte sich unmittelbar anlehne an das angeblich erste Buch „von den Theilen der Thiere"; dagegen schließe sich Das, was jetzt als zweites Buch des Werkes von den Theilen der Thiere gilt, keineswegs an das angeblich erste an; denn es beginne mit den hier als Einleitung genügenden Worten: „Aus welchen und wie vielen Theilen ein jedes der Thiere besteht, wurde in der Geschichte derselben genauer dargethan; aus welchen Ursachen aber ein jeder Theil sich auf solche Weise verhält, muß jetzt und zwar für sich, abgesondert von dem in der Geschichte Gesagten untersucht werden". Die Schrift über die Theile der Thiere würde also mehr eine Philosophie enthalten über die in der Thiergeschichte festgestellten Thatsachen und zwar so, daß das in der jetzigen Anordnung zweite Buch de part. an. sich an die Thiergeschichte anschließen würde. Die von Dr. Külb angeführten Gründe scheinen uns sehr überzeugend. Vgl. Zeller, Geschichte der griech. Philosophie, II, 2, pg. 68.

„Das erste Buch dieses Werkes giebt eine allgemeine Einleitung in die zoologischen Untersuchungen, mit Einschluß derer über die Seele, die Lebensthätigkeiten und Lebenszustände, welche ursprünglich nicht wohl für diesen Ort bestimmt gewesen sein kann. Vgl. Spengel über die Reihenfolge der natürlichen wissenschaftlichen Schriften des Aristoteles, Abhandlung der Münchener Academie, IV, 159 ff. und die von ihm Angeführten."

Führen wir nun einige der bedeutungsvollsten Sätze aus dem genannten Buche an, namentlich aus dem 1. und 5. Kapitel: „Zudem, da wir in Bezug auf die natürliche Erzeugung mehrere Ursachen wahrnehmen, wie die, weßhalb etwas ist (den Zweck), und die, woher der Anfang der Bewegung kommt, muß in Bezug auf diese bestimmt werden, welche die erste und welche die zweite ist; als die erste erscheint aber die, welche wir mit dem Ausdrucke „Zweck" bezeichnen; denn diese ist Begriff, der Begriff aber ist der Anfang sowohl in den Kunstgegenständen als auch in den Naturgebilden. Hat nämlich durch die Vernunft oder durch die Wahrnehmung der Arzt die Gesundheit und der Baumeister das Haus bestimmt, so können sie die Begriffe und die Ursachen des Einzelnen, was sie thun, angeben und warum es so gemacht werden soll; noch mehr tritt aber der Zweck und das Schöne in den Werken der Natur hervor als in denen der Kunst." — Sehr interessant ist, wie hier Aristoteles nachweist, daß in der Natur wie in der Kunst eine Hinordnung von Mitteln zu bestimmten Zwecken stattfindet, wobei stets die ideelle Priorität des Zweckes angenommen wird. Er sagt von den Kunsterzeugnissen: „Zuerst muß Dieses geschehen und in Bewegung gesetzt werden, sodann Jenes, und auf diese Weise weiter bis zum Ziele und Zwecke, weßhalb ein Jedes wird und ist; auf dieselbe Weise verhält es sich auch mit den Naturerzeugnissen" ....
„Weil nämlich die Gesundheit oder der Mensch so beschaffen ist, muß nothwendig Dieses sein oder geschehen sein, dagegen muß nicht, weil Dieses ist oder geschah, Jenes nothwendig sein oder werden". Ferner: „Weil die Gestalt des Hauses eine solche ist, oder weil das Haus so beschaffen ist, entsteht es auch so; denn die Entstehung ist des Wesens wegen und nicht das Wesen der Entstehung wegen (ἡ γὰρ γένεσις, ἕνεκα τῆς οὐσίας ἐστίν, ἀλλ' οὐχ ἡ οὐσία ἕνεκα τῆς γενέσεως), weßhalb Empedokles, wenn er sagt, daß bei den Thieren Vieles vorhanden sei, weil es der Zufall bei der Entstehung so gewollt habe, und daß z. B. der Rückgrat sich auf solche Weise verhalte, weil er beim Werden zufällig gebrochen sei, nicht richtig spricht. Er verkennt zuerst, daß der bildende Same, welcher ein solches Vermögen hat, vorhanden sein müsse, sodann daß das Erzeugende nicht nur dem Begriffe, sondern auch der Zeit nach früher vorhanden war; denn der Mensch erzeugt den Menschen, so daß,

weil jener so beschaffen ist, bei diesem die Entstehung so ausfällt". . . . „Daraus folgt nun, wenn der Mensch von solcher Beschaffenheit ist, so muß auch nothwendig die Entstehung auf diese Weise und so beschaffen ausfallen; deßhalb entsteht von den Theilen zuerst dieser und dann jener, und auf diese Weise verhält es sich ähnlich mit allen Naturgebilden."

Wir ersehen aus dem Gesagten, daß Aristoteles in diesem Kapitel mit aller Entschiedenheit der einseitig mechanischen Naturerklärung gegenüber, welche die Zweckursache vernachlässigt, die Teleologie betont. Jene Naturauffassung, die nur stoffliche und bewegende Ursachen anerkennt, sagt: „Weil zufällig oder durch blinde Nothwendigkeit Das und Das geworden ist, folgt jetzt Dieses und Dieses daraus"; Aristoteles aber betont: „Weil der und der Zweck erreicht werden soll, deßhalb geschieht Dieses und Dieses". Der Stagirite bemerkt, daß ein Zimmermann es besser mache, als die Vertreter jener Naturanschauung. „Denn er wird sich nicht damit begnügen, zu sagen, daß Dieses hohl, Jenes aber flach wurde, weil das Werkzeug darauf fiel, sondern auch, weil er einen solchen Hieb führte, und wird die Ursache sagen, warum, weil nämlich ein der Gestalt nach so und so Beschaffenes entstehen sollte". So im ersten Kapitel dieses Buches.

Nachdem nun Aristoteles im zweiten, dritten und vierten Kapitel über die Eintheilung der Thiere gehandelt, spricht er, bevor er (in der Thiergeschichte) zur Untersuchung der einzelnen Thiere übergeht, im fünften Kapitel mehrere herrliche teleologische Gedanken aus: „Da wir jedoch über diese (über die Himmelskörper) schon gehandelt und unsere Ansichten mitgetheilt haben, bleibt uns noch übrig, von der thierischen Natur zu sprechen, und soweit es in unserm Vermögen steht, Nichts zu übergehen, mag es geringerer oder höherer Art sein; denn auch in den der Empfindung nicht schmeichelnden Dingen bietet in Bezug auf die Betrachtung die schaffende Natur doch Solchen, welche die Ursachen zu erkennen vermögen und von Natur weise sind, unaussprechliche Annehmlichkeiten dar. — Auch wäre es ja widersinnig und unstatthaft, wollten wir, wenn wir uns doch bei der Betrachtung der Nachbildungen dieser Dinge freuen, indem wir zugleich die schaffende Kunst, wie etwa die Maler- oder die Bildhauerkunst betrachten, nicht noch mehr die Naturgebilde selbst lieben, sobald wir die Ursachen einzusehen im Stande sind. „Deßhalb darf man auch nicht kindisch „die Nachforschung über die niedern Thiere verabscheuen; denn es liegt in den Natur„dingen etwas Wunderbares, und wie Heraklit zu den Gastfreunden gesprochen haben „soll, welche, als sie ihn besuchen wollten und beim Eintritte am Rauchfange sich wärmen „sahen, stehen blieben (er hieß sie nämlich keck eintreten, weil auch an diesem Orte die Götter „seien), ebenso müssen wir, ohne verlegen zu sein, zur Untersuchung eines jeden Thieres „schreiten, da in allen etwas Natürliches und Schönes ist; denn nicht das Zufällige, sondern „das eines Zweckes wegen Vorhandene findet sich in den Werken der Natur und zwar vor„zugsweise; das Ziel aber, weßhalb es besteht oder geworden ist, liegt in dem Gebiete des „Schönen."

So ist dem Stagiriten die Naturforschung deßhalb so werthvoll, weil er auch in den unscheinbarsten Dingen die Zweckmäßigkeit erkennt. Diesen Gedanken führt er am Schlusse des ersten Buches noch weiter aus: „Da aber jedes Werkzeug zu einem Zwecke bestimmt ist, „und auch jeder einzelne der Körpertheile zu einem Zwecke dient, der Zweck aber irgend eine „Thätigkeit ist, so muß auch der ganze Körper eines vollendeten Zweckes wegen gebildet sein; „denn das Sägen ist nicht der Säge wegen da, sondern die Säge wegen des Sägens; „denn das Sägen ist irgend eine Nutzanwendung, so daß auch der Körper der Seele wegen „da ist und die Theile desselben der Verrichtungen wegen, wozu ein jeder geschaffen ist."

Nach dem, was oben über die Reihenfolge der aristotelischen Schriften gesagt wurde, würde sich an das erste Buch de part. an. unmittelbar die Thiergeschichte anschließen. Aus diesem Werke, das sich jedoch nicht sowohl wie die Schrift über die Theile der Thiere mit naturphilosophischen Reflexionen, als vielmehr mit Feststellung der Thatsachen beschäftigt (wir werden unten auf dasselbe zurückkommen), wollen wir einen Gedanken hervorheben, der sich materiell an Das anschließt, was am Schlusse des ersten Buches de part. an. gesagt wurde. Aristoteles spricht dort von den verschiedenen Functionen des Thieres. Fragen wir nun: Welches sind denn die Hauptzwecke, auf welche sämmtliche Thätigkeiten des Thieres abzielen? Aristoteles antwortet auf diese Frage sehr klar histor. animal. VIII, 12. Nachdem er im fünften, sechsten und siebenten Buche über die Fortpflanzung und in dem achten über die Nahrung gesprochen, bemerkt er l. c. in resümirender Weise: „Die Verrichtungen derselben (der Geschlechter der Thiere) aber drehen sich sämmtlich um die Begattung und die Fortpflanzung, um die Herbeischaffung der Nahrung, um die Kälte und Hitze und um den Wechsel der Jahreszeiten". Mit Letzterm meint Aristoteles die Wohnung, den Aufenthalt der Thiere und speciell die Wanderungen der Vögel. So hat denn der Stagirite in tiefsinniger Weise die Hauptzwecke des Thierlebens erkannt: Erhaltung des Individuums sowie Fortpflanzung und Erhaltung der Art. Die Wesensform des Thieres, wie sie durch das einzelne Individuum und die Art repräsentirt ist, bildet den immanenten Zweck des Thierlebens.

Doch kehren wir wieder zurück zur Schrift de part. an., deren folgende Bücher sich an die Thiergeschichte anschließen und über die dort festgestellten Thatsachen philosophische Betrachtungen anstellen. Nachdem wir im Allgemeinen die philosophische Auffassung der Thierwelt, wie sie im ersten Buche niedergelegt ist, betrachtet haben, wollen wir nun zeigen, welche specielle Grundsätze sich ihm rücksichtlich des Thierlebens ergeben und wie er dieselben durch Thatsachen begründet. Was die inductive Begründung betrifft, werden wir gleichzeitig die Thiergeschichte verwerthen. (In derselben geht Aristoteles aus von den einzelnen Theilen und Lebensfunctionen des Thieres und vergleicht nach diesen Gesichtspunkten die verschiedenen Thiere. Er behandelt also nicht etwa eine Species, resp. Gattung nach der andern in jeder Beziehung, sondern die verschiedenen Thiere kommen wiederholt zur Sprache nach den genannten Gesichtspunkten." Mit Recht bemerkt daher Zeller II, 2, pg. 65: „Ihrem Inhalte nach ist sie mehr eine vergleichende Anatomie und Physiologie, als eine Thierbeschreibung".)

Ein Grundsatz, den Aristoteles speciell auf dem Gebiete des organischen Lebens öfter betont, ist: Die Natur thut nichts Ueberflüssiges, Vergebliches, ohne Zweck, sondern sie strebt immer das Beste an. So hebt er histor. animal. V, c. 33 hervor, daß die Begattung nicht bei allen Thieren zur gleichen Zeit vorkomme, sondern bei einigen im Frühling, bei andern im Herbste, „je nachdem einem Jeden die eintretende Zeit zur Erzeugung der Brut dienlich, d. h. je nachdem die Zeit der Entwicklung und Ernährung der Jungen günstig ist". cf. VI, 18. „Doch wählen nicht alle dieselbe Zeit zur Begattung, sondern die für die Ernährung der Jungen passenden Zeitpunkte". cf. de gen. an. II, 6; IV, 8. — Zweckmäßigkeit findet er auch im Aufenthaltsorte der Thiere. Dieselben halten sich an den Orten auf, „wozu sie ihrer Natur nach bestimmt sind". „Die ganzfüßigen Vögel (die Vögel mit Schwimmfüßen) leben sämmtlich am Meere, an Flüssen und an Seen; denn die Natur sucht selbst das Zuträgliche". cf. die Schrift „über das Athemholen". cp. 14. „Die Natur aber wird in den eigenthümlichen Orten am besten erhalten". Es zeigt sich hier die Auffassung, daß jedes Thier den Aufenthaltsort hat, zu dem es seiner Natur nach bestimmt ist und derselbe also nicht dem bloßen Zufalle überlassen ist.

Ein fernerer Grundsatz, den wir früher kennen lernten, ist: actus prior quam potentia; mit diesem hängt der Satz zusammen: „Das Ganze ist vor dem Theile". Wir können nun erwarten, daß Aristoteles besonders auf dem Gebiete des organischen Lebens diesen Sätzen eine große Bedeutung zuschreibt. Das ist denn auch wirklich der Fall, vd. de generat. an. II, 4.

„Denn auch bei den Samen der Pflanzen ist deren Anfang in ihnen selbst vorhanden; sobald dieser nun gesondert worden ist, da er vorher nur der Anlage nach darin war, wird von ihm aus das Stängelchen und die Wurzel entsendet: diese aber ist es, womit die Pflanze Nahrung nimmt, denn sie bedarf der Zunahme. Ebenso sind zwar in dem Keime des Thieres gewissermaßen alle Theile der Anlage nach enthalten, der Anfang aber ist der Entwicklung am nächsten, und daher wird zuerst das Herz in Wirklichkeit gesondert." — Am besten werden aber die bezüglichen früher dargelegten Grundsätze beleuchtet und begründet durch das Beispiel von der Entwicklung des Küchleins aus dem Hühnerei histor. an. VI, 3. Der Raum gestattet uns leider nicht, das ziemlich umfangreiche Citat wörtlich hier anzuführen.

Betrachten wir nun das ausgebildete Thier, so belehrt uns Aristoteles de part. an. I, 5, daß jedes Organ des Körpers seinen bestimmten Zweck habe. Erwähnen wir einige Beispiele: de histor. an. IX, 10 giebt er uns Aufschlüsse über die Teleologie der Stimme bei den Kranichen: „Setzen sie sich nieder, so stecken die übrigen den Kopf unter den Flügel und schlafen abwechselnd auf einem Fuße stehend; der Führer aber hat den Kopf frei, schaut vor sich und giebt, sobald er etwas merkt, durch S c h r e i e n ein Zeichen."

Doch ist es namentlich die mehrerwähnte Schrift de part. an., welche reichliche Beweise bietet. In derselben zieht er immer auch den menschlichen Körper in Betracht, ohne etwa den Menschen und das Thier als wesensgleich hinzustellen (über Letzteres später). Betrachten wir zunächst das G e h i r n. Aristoteles legt demselben noch nicht eine so große Bedeutung bei, wie das in der neuern Physiologie geschieht und bezeichnet den Zweck desselben in einer Weise, die nach dem heutigen Stande der Wissenschaft nicht mehr haltbar ist. Er lehrt nämlich, das Gehirn habe den Zweck, die vom Herzen ausgehende Hitze abzukühlen und so ein gewisses Gleichgewicht der Temperatur herzustellen. Weil es diesen Zweck habe, sei es so und so beschaffen. So rückhaltlos wir in diesem Falle den Irrthum des Aristoteles darlegen, ebenso sehr müßten wir es andererseits als unberechtigt bezeichnen, wenn man aus diesem Beispiele den allgemeinen Schluß ziehen wollte. Aristoteles habe zum vornehereiu einen Zweck fingirt und dann die Thatsachen darnach zurechtgelegt, diesen Gewalt angethan. Wir können ja so viele Fälle nennen, in denen Aristoteles den Zweck richtig bezeichnet hat. — Interessant ist z. B. wie er den Zweck des Kehldeckels erkannte, nämlich das Eindringen von Nahrung in die Luftröhre zu verhindern. „Die Luftröhre wird also dadurch, daß sie, wie wir gesagt haben, vorn liegt, von der Nahrung belästigt; die Natur aber hat dafür den Kehldeckel angebracht." III, 3.

Besonders erwähnenswerth ist, was er über den Zweck des Blutumlaufes bemerkt. Freilich von dem Unterschiede zwischen Arterien und Venen hatte er noch keine Kenntniß, also von einer Erkenntniß des Blutumlaufes, wie ihn die moderne Wissenschaft hat, kann bei dem Stagiriten keine Rede sein. Aber gewiß wird man den folgenden Gedanken ihre Berechtigung nicht absprechen können. Er vergleicht den Blutumlauf III, 5 mit der Wasserleitung in einem Garten. „Gleichwie nun in den Gärten die Wasserleitungen von einem Ursprunge und einer Quelle her in viele und immer wieder andere Rinnen hingerichtet werden, um sie allenthalben zu vertheilen, ... so hat auf dieselbe Weise die Natur das Blut durch den ganzen Körper geleitet, weil es der Stoff von Allem ist". — Interessant ist auch, wie er III, 14 die zweckmäßige Beschaffenheit des Verdauungsapparates beschreibt. —Der Stagirite bemerkt II, 16, daß die Natur die Gewohnheit habe, dieselben Organe zu mehreren Zwecken zu bestimmen und darnach zu gestalten. cf. III, 1: „Die Natur gebraucht die allen gemeinsamen Theile nebenbei zu vielem Besondern". Siehe zwei Beispiele II, 16: Das eine betrifft die Lippe des

Menschen, die zum Schutze der Zähne und zum Reden dient und ein anderes die Zunge, welche zum Schmecken und Reden dienlich ist. „Der Mensch aber hat weiche und fleischige Lippen, welche sich öffnen lassen, sowohl wegen des Schutzes der Zähne, als auch noch weit mehr des Guten wegen (d. h. wegen eines höhern Zweckes); denn sie dienen auch zum Gebrauche beim Reden; wie nämlich die Natur die Zunge bei dem Menschen nicht auf dieselbe Weise wie bei den übrigen lebenden Wesen einrichtete, indem sie dieselbe, wie sie nach unserer Bemerkung bei Vielem zu thun pflegt, zu zwei Verrichtungen bestimmte, nämlich zum Schmecken und zum Reden, so bildete sie die Lippen zu letzterem und zum Schutze der Zähne u. s. w." — cf. lib. III, 1, wo er von der Mundbildung spricht: „Daß der Mund zur Ernährung dient, ist etwas Allen Gemeinschaftliches; bei Einigen dient er überdieß zur Sprache (beim Menschen), bei Andern zur Athmung, wieder bei Andern zum Schutze. Bei den letztern ist seine Oeffnung nämlich so eingerichtet, daß sie mit dem Gebiß sich möglichst gut vertheidigen können." — cf. III, 1, wo er hervorhebt, daß auch die Zähne verschiedenen Zwecken dienen, z. B. beim Menschen nicht nur bezüglich der Nahrung, sondern namentlich auch zur Sprache. „Der Mensch aber hat solche und soviele Zähne hauptsächlich zur Sprache; denn die vorderen Zähne tragen viel zur Erzeugung der Laute bei". Er bemerkt ferner, daß einige Thiere die Zähne nur der Nahrung wegen haben; andere auch zum Schutze und zur Gewalt und unter diesen haben einige Hauzähne, wie das Schwein, andere spitze und ineinander greifende, weßhalb sie auch spitzzähnige heißen. cf. ferner über den Zweck der Zähne IV, 11. Er bemerkt dort, daß z. B. der Mensch die Kiefer sowohl nach oben und unten als auch seitwärts bewegt. Die erstere Art von Bewegung dient zum Beißen und Zertheilen, die nach der Seite hin zum Zermalmen. „Denjenigen also, welche Backenzähne haben, ist die Bewegung nach der Seite hin dienlich; Denjenigen aber, welche keine haben, ist sie nicht dienlich, deßhalb fehlt sie bei allen dieser Art; denn die Natur macht nichts Ueberflüssiges". — Einen mehrfachen Zweck schreibt Aristoteles auch dem Herzen zu, das nach seiner Lehre freilich eine höhere Bedeutung hat, als ihm durch die moderne Physiologie zugeschrieben wird. „Das Herz ist das wichtigste Glied, und verleiht als Zweck dem Ganzen seine Vollendung". de juv. et. senect. cp. 3. Wenn er das Herz als den Ursprung des Blutes bezeichnet, so hat das in gewissem Sinne seine Richtigkeit. Huldigt er aber der Meinung, daß aus dem Herzen die Körperwärme entstehe, so ist eben Aristoteles der Verbrennungsproceß in der Lunge unbekannt. Ferner gilt ihm das Herz als Sitz der Empfindungen, als Organ der empfindenden und ernährenden Seele. Nun freilich kommen dem Herzen auch Empfindungen zu, weil ein Theil der Nerven des sympathischen Nervensystems die Functionen desselben leiten. Allein rücksichtlich der Empfindung kommen nach der neuern Wissenschaft Gehirn und Rückenmark bei dem höher organisirten Thiere in erster Linie in Betracht. — Hat Aristoteles den Zweck des Herzens nicht ganz correct angegeben, so ist doch sein Gedanke richtig, daß das Herz seinen Zweck habe. (Worin dieser besteht, davon im zweiten Theile.)

Wenn nun der Stagirite, wie wir im Vorhergehenden gesehen haben, die Lehre vertheidigt, daß die Natur oft ein und dasselbe Organ zu verschiedenen Zwecken gebraucht, bemerkt er andererseits de part. an. IV, 6.

„Besser ist es jedoch, wo es angeht, wenn nicht dasselbe Werkzeug zu ungleichartigen „Verrichtungen verwendet wird, sondern das Abwehrende sehr spitz, das Zungenartige aber „schwammig und zum Anziehen dienlich ist; denn, wo es angeht, zwei zu zwei Verrichtungen „zu gebrauchen und so, daß kein anderes gehindert wird, ist die Natur nicht gewöhnt, wie die „Schmiedekunst, aus Sparsamkeit einen Bratspießleuchter zu machen; wo es aber nicht angeht, „bedient sie sich eines und desselben zu mehreren Verrichtungen." (Siehe Beispiele im citirten

Capitel.) Aristoteles findet also darin, daß die Natur sich ein und desselben Organs zu verschiedenen Verrichtungen bedient, eine gewisse Aermlichkeit, wie wenn man ein und dasselbe Geräthe als Bratspieß und als Leuchter verwendet, und betrachtet es als besser, wenn für jede Verrichtung ein eigenes Organ da ist. Er hebt auch hervor, daß die Natur Dieses thue, wo es angehe. — Freilich zeigt sich, fügen wir hinzu, darin ein größerer Reichthum der Natur an Mitteln; jedoch kann auch dann die Zweckmäßigkeit nicht verkannt werden, wenn ein und dasselbe Organ zu verschiedenen Thätigkeiten passend eingerichtet ist.

Wie bereits oben angedeutet wurde, hat die Natur den Thieren einzelne Organe zum Schutze gegen Verfolgungen verliehen. Hierüber belehrt er uns des Nähern de part. an. III, 1: „Es muß jedoch im Allgemeinen Etwas festgehalten werden, was sowohl bei diesem Gegenstande, als auch bei vielem später zu Sagenden von Nutzen sein dürfte. Die einzelnen als Werkzeug zur Gewalt und zum Schutze dienenden Theile verleiht die Natur solchen, welche allein oder besser besonders aber solchen, welche am besten Gebrauch davon machen können." — cf. IV, 8. Wie nun die Natur, da sie nichts Ueberflüssiges thut, die betreffenden Schutzmittel nur solchen Thieren giebt, denen sie wirklich nützlich sind, so hebt Aristoteles andererseits hervor: „Mehrere hinreichende Schutzmittel verlieh die Natur nicht einem und demselben Thiere". III, 2. Damit will Aristoteles wohl sagen: Die Natur hat das betreffende Schutzmittel des Thieres so zweckmäßig eingerichtet, daß es nicht mehrerer bedarf. Es entspricht das einem andern Grundsatze des Stagiriten, daß es besser sei, wenn ein Zweck nur durch ein einziges Mittel, anstatt durch mehrere erreicht wird und daß sich die Natur so verhalte. Darin, daß ein einziges ausreicht, zeigt sich eben die hohe Zweckmäßigkeit desselben. cf. IV, 5; Phys. VIII, 6. — Siehe Beispiele zu diesen Grundsätzen III, 1. Aristoteles setzt dort auseinander, daß einige Thiere die Zähne zur Vertheidigung haben und zwar die einten Hauzähne, andere Spitzzähne und bemerkt dann: „Kein Thier aber hat Spitzzähne und Hauzähne zugleich, weil die Natur nichts Ueberflüssiges und kein Beiwerk macht". cf. IV, 12. Als fernere Schutzmittel betrachtet er: Stachel, Sporn, Hörner u. s. w. Interessant ist das Beispiel von der Dintenschnecke, die sich dadurch den Verfolgern entziehe, daß sie durch eine bintenartige Ausscheidung das Wasser trübe. IV, 5.

Ein sehr wichtiger Grundsatz nun bezüglich der Zweckmäßigkeit der Organe ist: „Die Natur macht aber die Organe für die Verrichtung, jedoch nicht die Verrichtung für die Organe". (τὰ δ'ὄργανα πρὸς τὸ ἔργον ἡ φύσις ποιεῖ, ἀλλ'οὐ τὸ ἔργον πρὸς τὰ ὄργανα.) IV, 12. Er illustrirt das durch folgende Beispiele: „Es sind unter den Vögeln auch manche langbeinige, zwar dashalb, weil sie in Sümpfen leben...., weil sie also keine Schwimmvögel sind, sind sie auch nicht ganzfüßig (d. h. sie haben keine Schwimmfüße); weil sie aber auf nachgiebigem Boden leben, so sind sie langbeinig und langzehig und die Mehrzahl von ihnen hat an den Zehen mehrere Biegungen." cf. IV, 13: „Die Fische haben aber keine herabhängende Glieder, weil ihre Beschaffenheit nach dem Begriffe ihres Wesens zum Schwimmen eingerichtet ist, da die Natur nichts Ueberflüssiges und nichts umsonst thut". Aristoteles ist also die Vorstellung ferne, als bilde sich erst allmälig das Organ in Folge der Thätigkeit; nein, das Organ ist von Anfang fertig da und zu seinem Zwecke, zur Thätigkeit, entsprechend eingerichtet, vd. de generat. an. IV, 1: „Die Natur giebt aber einem Jeden zugleich das Vermögen (δύναμιν) und das Werkzeug (ὄργανον), weil es so zweckmäßiger ist. ef. de respir. cp. 17: „Und die Bildung des Gliedes ist ursprünglich so beschaffen, nicht ein künstlich erworbener Zustand". (καὶ ἡ τοῦ μορίου σύστασις ἐξ ἀρχῆς τοιαύτη, ἀλλὰ μὴ ἐπίκτητόν τι πάθος. [10])———

Ein bei Aristoteles oft sich wiederholender Grundsatz ist der, daß die Natur Das, was sie in einer Beziehung entzieht, in der anderen wieder giebt. Der Stagirite hält also dafür, daß die Natur immer bestrebt ist, im Organismus ein gewisses Gleichgewicht herzustellen, eine gewisse Harmonie der Theile unter sich und mit dem Ganzen. Beispiele finden sich in großer Zahl vd. de part. an. III, 14, ferner IV, 9: „Die Dintenschnecken und die Seekatzen aber haben kurze, die Armkratenarten dagegen große Füße; denn bei jenen ist der Rumpf des Leibes groß, bei diesen aber klein, so daß die Natur bei diesen, was sie dem Leibe hinwegnahm an der Länge der Füße zusetzte, bei jenen aber mit Dem, was sie von den Füßen hinwegnahm, den Leib vergrößerte". cf. IV, 12; de generat. an. III, 10; IV, 2. „Alles, was durch Kunst oder Natur entsteht, wird nach einem gewissen Ebenmaß". — Dieses Ebenmaß, diese Harmonie in der Bildung des Organismus ist wohl auch der Grund, weßhalb der Stagirite in der Schrift de part. an. nicht nur die Nützlichkeit, resp. Zweckmäßigkeit, sondern auch die Schönheit des Thierkörpers und seiner einzelnen Theile betont.

Wenn wir nun alle die Entwicklungen überblicken, so erscheint uns nach Aristoteles die Natur wie ein weiser Haushalter, der für Alles auf's Beste sorgt. de generat. an. II, 6: „Denn wie ein guter Haushalter, pflegt auch die Natur nichts Brauchbares wegzuwerfen, woraus sich etwas Nützliches machen läßt". Sie ist die für Alles besorgte Mutter, welche den Thieren einen Trieb „der Sorge für ihre Jungen einpflanzen wollte". de gen. an. III, 2. — Die Natur rettet manche Thiere dadurch vor Untergang, daß sie dieselben in großer Anzahl entstehen läßt. de generat. an. III, 4. Deßwegen ist auch die Klasse der Fische so reich an Brut, „denn die Natur bekämpft den Untergang durch die große Menge". Doch gehen wir nun auf einen andern Punkt über.

Wir haben bisher besonders die Thierwelt betrachtet, während freilich Manches, was gesagt wurde, wenigstens in somatologischer Beziehung, auch für den Menschen Geltung hat, z. B. die Lehre vom Zwecke der einzelnen Organe. Im Folgenden wollen wir nun mehr die psychologische Seite betrachten, namentlich was den Menschen betrifft. Was uns zunächst besonders wohl gefällt, ist der Umstand, daß Aristoteles nicht etwa nach Art und Weise der einseitig mechanischen Weltanschauung zwischen den verschiedenen organischen Wesen nur einen gradualen, accidentellen, sondern einen wesentlichen Unterschied statuirt. Diesen Wesensunterschied findet der Stagirite in der Seele, dem Lebensprincipe der Organismen, begründet. Er definirt die Seele im Allgemeinen: „διὸ ψυχή ἐστιν ἐντελέχεια ἡ πρώτη σώματος φυσικοῦ δυνάμει ζωὴν ἔχοντος" de anima II, 1. Thomas von Aquin bemerkt unter Anderm in seinem weitläufigen Commentar zu dieser Definition: »Sciendum autem quod Philosophus dicit animam esse actum primum, non solum ut distinguat animam ab actu qui est operatio, sed etiam ut distinguat eam a formis elementorum, quae semper habent suam actionem nisi impediantur«[11]). Ein solcher Körper aber, der die Möglichkeit zum Leben hat, ist ein organischer Körper; die Seele ist die Wesensform desselben. — Er unterscheidet nun drei Stufen des organischen Lebens: Die Pflanze besitzt die ernährende, vegetative Seele (τὸ θρεπτικόν). Die Seele des Thieres hat außerdem das Vermögen der Empfindung, des sinnlichen Begehrens und der örtlichen Bewegung (τὸ αἰσθητικόν, τὸ ὀρεκτικόν, τὸ κινητικόν); die Menschenseele besitzt alle diese Vorzüge und zudem noch die Vernunft (νοῦς). Aristoteles denkt sich die Sache so, daß die höhere Seele die Vorzüge der niedern besitzt, dazu aber noch neue. Deßhalb ist der Mensch ein Mikrokosmus. — Ueber diese Stufenfolge vd. de an. III, 12; cf. de histor. an. VIII, 1.

Sehr interessant ist nun, wie Aristoteles in Bezug auf die Seele seine Lehre von den Ursachen durchführt, vd. de an. II, 4. Aus der Definition der Seele geht hervor, daß sie Wesensform des Körpers ist; dieselbe wird aber auch als bewegende Ursache und Zweck des

Körpers bezeichnet. „Es ist aber die Seele des lebendigen Körpers Ursache und Grund. Dieses wird aber auf mannigfaltige Weise gesagt. So ist die Seele nach drei der unterschiedenen Weisen Ursache. Dieselbe ist Ursache als Grund der Bewegung selbst, und als Zweck und als Wesensform der beseelten Körper." Wie wir früher gesehen haben, identificirt Aristoteles die Form und den Zweck; da nun der Körper zur Seele sich verhält wie die Materie zur Form, so begreifen wir, wenn der Stagirite die Seele Zweck des Körpers nennt. Dem entsprechend bezeichnet er de an. II, 4 den Körper geradezu als Werkzeug der Seele. Dieser Grundsatz giebt uns nun wieder Licht zum Verständniß mancher wichtiger Wahrheiten. — Ist der Körper Werkzeug der Seele, so dienen alle Functionen des Leibes jener als ihrem Zwecke; wir haben die Teleologie auf dem Gebiete der Psychologie. Wie nun der ganze Körper Werkzeug der Seele ist, so auch offenbar jeder Theil desselben. So begreifen wir eine wichtige Stelle in der Schrift de part. an. IV, 10, welche sich auf die menschliche Hand bezieht. Wir heben aus den weitläufigen Erörterungen Folgendes hervor. „Wenn es nun so besser ist, die Natur aber von dem Möglichen immer das Beste macht, so ist der Mensch nicht wegen der Hände am verständigsten, sondern hat Hände, weil er das verständigste unter den lebenden Wesen ist; denn der Verständigste dürfte sich wohl der meisten Werkzeuge zweckmäßig bedienen; die Hand aber scheint nicht ein einziges Werkzeug vorzustellen, sondern viele; denn sie ist gleichsam ein Werkzeug statt der Werkzeuge; die Natur verlieh also Dem, welcher sich die meisten Künste anzueignen vermag, das am meisten brauchbare aller Werkzeuge, die Hand." (Dr. Külb bemerkt zu dieser Stelle: „Die Hände sind nicht nur selbst Werkzeug, sondern bringen auch todte Werkzeuge hervor, welche die Geschäfte der Hände übernehmen und den Händen gleichsam als neue Hände dienen".) Aristoteles führt dann weiter aus, daß scheinbar der Mensch zum Schutze weniger zweckmäßig eingerichtet sei als das Thier, welches zur Vertheidigung z. B. Hörner u. s. w. besitzt; jedoch ist das nur scheinbar, weil die durch seine Hände verfertigten Waffen dem Menschen Das im reichlichen Maaße ersetzen, was seinem Körper an Vertheidigungsmitteln fehlt.

Von besonderer Wichtigkeit ist sodann, wie der Stagirite den Zweck der einzelnen psychischen Functionen bezeichnet. In Betreff des vegetativen Princips vd. de anima II, 4. Ueber den Zweck der Empfindung und sinnlichen Wahrnehmung im Allgemeinen, sowie der einzelnen Sinne vd. II, 5 ff.; III, 1—4 und III, 12 und 13. An letztgenannter Stelle legt er dem Gefühlssinne rücksichtlich der Erhaltung des Lebens einen vorzüglichen Werth bei. cf. über die menschlichen Sinnesorgane de generat. an. V, 2. Ueber die Ortsbewegung und ihren Zweck vd. de an. III, 9 und 10. Sehr schön macht er in der Schrift de sensu et sensili 1. cp. aufmerksam auf die hohe Bedeutung der Sinne, zunächst für die körperlichen Bedürfnisse, speciell beim Menschen auch rücksichtlich seiner geistigen Thätigkeit. „Geruch, Gehör, Gesicht kommen allen der Bewegung fähigen Thieren, wenn sie diese Sinne haben, der Erhaltung wegen zu, damit sie durch Vorgefühl der Nahrung nachstreben, und das Schlechte und Verderbliche fliehen; denen aber, welche mit Vernunft begabt sind, des Wohlbefindens wegen; denn diese zeigen viele Unterschiede an, woraus das vernünftige Denken und Handeln entstehet." Aristoteles betont sodann namentlich die Bedeutung des Gehörsinns für die geistige Ausbildung des Menschen, weil durch denselben die sprachlichen Mittheilungen vermittelt werden. cf. de an. II, 6.

Als besondern Vorzug des Menschen vor den übrigen lebenden Wesen bezeichnet nun Aristoteles, wie bereits angedeutet wurde, die Vernunft. Den Beweis für die Geistigkeit der menschlichen Seele giebt derselbe hauptsächlich de an. III, 4—10. Wiederholt betont der Stagirite, daß der Mensch durch die Vernunft vom Thiere sich unterscheide. Siehe Met. I, 1;

de histor. an. I, 1. „Ueberlegung hat von allen lebenden Wesen nur der Mensch". Da, wie gleich gezeigt werden wird, Gott nach Aristoteles ein Geist ist, so begreifen wir, wenn Derselbe den Menschen eben wegen der Geistigkeit seiner Seele als ein göttliches Wesen bezeichnet, das seine höhere Würde durch den aufrechten Gang offenbart. vd. de part. an. IV, 10. „Der Mensch hat indessen statt der vordern Beine und Füße Arme und die sogenannten Hände; er geht allein aufrecht, weil seine Natur und seine Wesenheit göttlich ist; die Verrichtung des Göttlichen besteht aber im Einsehen und Ueberlegen."

Hat nun Aristoteles in den niedern Seelenfunctionen die Zweckmäßigkeit gefunden, so ist das ganz besonders auch rücksichtlich der höhern geistigen Thätigkeit der Fall. Nach der Lehre des Stagiriten geht das höhere Erkennen vom niederen aus und so ist denn das letztere Mittel zum Zweck. Die Functionen der menschlichen Sinne haben ihr höheres Ziel in der Geistesthätigkeit, für welche sie Vorarbeiten geben sollen. — Wie sodann bei der Sinnesthätigkeit die Zweckmäßigkeit besonders in der gegenseitigen Anpassung von Sinnesorgan und Gegenstand sich zeigt, so finden wir etwas Aehnliches auch beim höhern Erkennen. Während aber die Sinne nur die äußere Erscheinung der Dinge erfassen, bezieht sich die geistige Thätigkeit in der Bildung allgemeiner Begriffe auf das innere Wesen des Körpers, auf die Wesensform. Es ist nun sehr bedeutungsvoll, wie Aristoteles seine Theorie vom Werden, von Materie und Form auf dem Gebiete der Vernunfterkenntniß durchführt. Der Stagirite vergleicht nämlich die Bildung der Begriffe, resp. der Ideen mit dem Werden in der Natur. Wie in der Natur die an und für sich unbestimmte Materie durch die Wesensform determinirt wird, so vollzieht sich bei Bildung der Begriffe im Geiste ein ideales Werden. Die Begriffe sind dem Intellecte nicht actuell angeboren, sondern dieser verhält sich zu denselben zunächst blos potentiell, gleichsam wie die Materie zur Form. Insofern wird der Intellect, weil er sich passiv verhält νοῦς παθητικός genannt (intellectus possibilis). Andererseits hat aber der Intellect die Kraft, die Wesensformen der Dinge (resp. der Körperwelt) von der Materie zu abstrahiren, resp. Begriffe zu bilden. Insofern wird derselbe genannt νοῦς ποιητικός (intellectus agens). Durch diesen wird Das im Intellecte actuell, was vorher nur potentiell in ihm war; die Potenz wird durch Einwirkung der äußern Gegenstände, in denen die Wesensform wirklich ist, zur Actualität übergeführt. Aber der Geist verhält sich dabei nicht rein passiv, sondern ist durch die eigene Kraft bethätigt; der ganze Vorgang ist ein vitaler, wie auch das Werden in der Natur. So ist also die ideale Welt unserer Begriffe das Abbild der realen Außenwelt; das intelligible Erkenntnißbild (εἶδος νοητόν) ist ein Nachbild der Wesensform des außer uns existirenden Dinges. Wenn Plato schon betonte, daß eine Aehnlichkeit zwischen dem Erkannten und Erkennenden vorhanden sein müsse, so haben wir hier die eigenthümliche Durchführung dieses Princips. Die Verähnlichung findet dadurch statt, daß die Formen der Dinge im Intellecte nachgebildet werden, in demselben eine i d e a l e Existenz erlangen, so daß die Seele gewissermaßen zu Allem wird. — So giebt die Lehre von den Ursachen Aristoteles ein herrliches Princip an die Hand, auch den menschlichen Erkenntnißproceß tiefer zu begründen. Wie sehr der Zweckgedanke hier hervortritt, ist offenbar. Die Wesensform, welche das Ziel des Werdens bildet, ist Zweck in der Natur, und so ist auch Zweck des idealen Werdens, des Erkenntnißprocesses der Begriff, das ideale Nachbild jener Wesensform. Das ist, in Kürze zusammengefaßt, die Durchführung der Teleologie des Aristoteles auf dem Gebiete des höhern Erkennens.

Wie wir früher angedeutet haben, findet jedoch der Stagirite die Teleologie nicht nur in der Wirksamkeit eines jeden einzelnen Wesens, sondern auch in der Beziehung, in welcher die Dinge zu einander stehen, resp. in der Zweckordnung des Kosmos. Hievon im Folgenden.

II. Die Zweckordnung in der Natur.

Nach Aristoteles hat nicht nur jedes Organ im Körper seinen besondern Zweck, sondern alle Theile des Organismus stehen in innigem Zusammenhang. Ein Organ dient für das andere, das niedere für das höhere, alle aber zum Zwecke des Ganzen. (Die Correlation der einzelnen Organe im Organismus betont er besonders de part. an. IV, 9; ferner de generat. an. IV, 1.) So verhält es sich auch mit der Natur im Ganzen; ein Theil derselben wirkt für den andern, der niedere für den höhern, alle Theile für das Ganze; alle Theile der Natur stehen im innigsten Zusammenhang mit einander und bilden eine zweckmäßige Ordnung. Ueber den Begriff der Anordnung (διάθεσις) siehe Met. lib. V, cp. 19. „Sie ist die Ordnung (τάξις) einer Sache, die Theile hat, entweder dem Ort, oder dem Vermögen, oder der Form nach". Ueber den Begriff des Ganzen und des Theiles siehe Met. V, 25. Eine wichtige Stelle, die uns den Zusammenhang der Natur klar macht, haben wir Met. XII, 10. „Noch müssen wir untersuchen, auf welche Weise die Natur des All' das Gute und das Beste in sich begreift, ob es etwas Gesondertes und Fürsichseiendes ist, oder die Ordnung, oder Beides zusammen, wie ein Heer. Beim Heere nämlich liegt das Gute sowohl in der Ordnung als im Feldherrn, und zwar noch mehr im Letztern; denn nicht der Feldherr ist wegen der Ordnung, sondern die Ordnung wegen des Feldherrn. Alles aber ist auf gewisse Weise zusammengeordnet, obschon nicht auf dieselbe Weise. Fische, Vögel und Pflanzen und es ist nicht so, als ob kein Ding zum andern im Verhältniß stünde, sondern allerdings findet ein Verhältniß statt; denn im Verhältniß zu Einem ist Alles zusammengeordnet.... also verhält es sich auch mit dem Uebrigen, von dem Jedes an Jedem T h e i l n i m m t z u m B e h u f e d e s G a n z e n." Aus dem, was der Stagirite Metaphysik XIII, 3 sagt, kann man entnehmen, daß Aristoteles den Kosmos als s ch ö n bezeichnet, weil in ihm Ordnung ist; denn er betrachtet die Ordnung als eine der hauptsächlichsten Arten des Schönen. Wie sehr Aristoteles die ganze Natur als ein herrliches Kunstwerk betrachtet, in dem die schönste Harmonie herrscht, geht auch hervor aus einer wichtigen Stelle Met. XIV, 3: „Den Erscheinungen zu Folge aber scheint es nicht, als ob die Natur bruchstückartig wäre und voll Einschaltungen, wie eine schlechte Tragödie".

Wir abstrahiren davon, die Weltordnung, wie sie Aristoteles besonders in seinem Werke de coelo beschreibt, einläßlich darzustellen. Sind auch die bezüglichen Anschauungen, welche der Stagirite vom Standpunkte der sogenannten ptolomäischen Weltanschauung aus entwickelt, nach der modernen Wissenschaft nicht mehr haltbar, so bleibt doch sein Grundgedanke wahr: Die Himmelskörper bewegen sich in bestimmten, regelmäßigen Bahnen; der Kosmos bildet nicht ein Chaos, sondern ein großartiges, systematisch geordnetes, einheitliches Ganzes. — Wir beschränken uns darauf, seine Lehre über die Zweckordnung auf der Erde in Kürze darzustellen. Aristoteles unterscheidet eine Stufenfolge der Wesen, welche die Erde bewohnen: anorganische Körper, Pflanzen, Thiere, Menschen. Jeder Theil aber der Natur ist für den andern, so die anorganischen Körper für die Pflanzen, die Pflanzen für die Thiere, Pflanzen und Thier für den M e n s ch e n. Bleiben wir namentlich bei letzterem Gedanken etwas stehen. Eine wichtige diesbezügliche Stelle finden wir Phys. II, 2: „Denn es will nicht jedes Letzte Endzweck sein, sondern nur das Beste, da einerseits auch von den Künsten die einen den Stoff blos bearbeiten, die andern hingegen ihn zu einem Zwecke dienlicher machen, und anderseits auch wir von den Dingen einen Gebrauch machen, als wäre Alles um unsertwillen vorhanden, weil gewissermaßen auch wir ein Endzweck sind. ,,ἐσμὲν γάρ πως καὶ ἡμεῖς τέλος". (Denn Dasjenige, um besseswillen Etwas ist, hat eine doppelte Bedeutung; wir haben aber hierüber in der Schrift „über Philosophie" gesprochen.) Prantl bemerkt hiezu (Anmerkung 11, pg. 481): „Die doppelte Bedeutung Desjenigen, um bessenwillen Etwas ist, b. h. des οὗ ἕνεκα, liegt (nach den Stellen de gener. an. II, 6 und de an. II, 2) darin, daß es entweder οὗ oder ᾧ ist, b. h. entweder der innere eigene Endzweck eines Wesens, um bessenwillen sein Werben sich entwickelt, und worin es, kantisch zu sprechen, Selbstzweck ist, — oder ein daneben hergehender äußerer Zweck, welchem ein Wesen zum Behufe des Eingreifens in das Ganze bient. — Das Citat bezieht sich auf des Aristoteles verlorne Bücher über das Gute." Wie leicht einleuchtet, ist mit dieser Unterscheidung gerade unsere Eintheilung (Immanenter Zweck und Zweckordnung der Natur) gerechtfertigt. cf. auch eine Stelle Aristoteles Politik lib. I. cp. 5, citirt bei Thomas von Aquin, S. Theol. I. quæst. XCVI, art. I. «venatio silvestrium animalium est justa et naturalis: quia per eam homo vindicat sibi, quod est naturaliter suum». cf. Polit. „ἀναγκαῖον τῶν ἀνθρώπων ἕνεκεν αὐτὰ πάντα πεποιηκέναι τὴν φύσιν". So hat Aristoteles sehr wohl den Gedanken urgirt, daß die ganze Natur für den Menschen da ist. Aber er hat denselben nicht nach Art und Weise einer blos äußern Nützlichkeitsteleologie verwerthet, sondern mit seinem umfassenden Geiste in erster Linie auch die immanente Zweckmäßigkeit betont. — Doch nicht nur hat jedes Naturwesen in sich selbst den Zweck, nicht nur sind die einzelnen Naturwesen für einander und für das Ganze da, sondern die ganze Natur hat auch einen höchsten Zweck, Gott. Hievon im Folgenden.

III. Gott als höchster Zweck des Universums.

Die Naturphilosophie des Aristoteles findet ihren höhern Abschluß in der Lehre von Gott, welche gleichsam die Krone des Werkes bildet. Diese Lehre von Gott schließt sich sehr eng an die Principien des Aristoteles, welche wir früher betrachtet haben, an. Die Theorie von den vier Ursachen ist auch die Grundlage seiner Beweise für das Dasein Gottes. Er belehrt uns nämlich, daß wir nicht eine unendliche Reihe von bewegenden Ursachen, von Formen und Zwecken annehmen dürfen, sondern bei einem höchsten unbewegten Beweger, der höchsten Entelechie stehen bleiben müßen, die zugleich, weil eben Form und Zweck identisch sind, auch höchster Zweck ist. Sehr schön macht Aristoteles Met. II, 2 klar, daß man in Bezug auf die vier Ursachen nicht in's Unendliche gehen könne. Speciell in Bezug auf den Zweck bemerkt er: „Ebensowenig kann der Zweck in's Endlose gehen, die körperliche Bewegung z. B. um der Gesundheit, die Gesundheit um der Glückseligkeit, diese hinwiederum um eines Andern und so immer das Eine um eines Andern willen." Er zeigt, daß, wenn man keinen Endzweck annehme, der Selbstzweck sei, es dann überhaupt keinen Zweck mehr gebe. „Ferner ist das Weßwegen Zweck; Zweck aber ist Dasjenige, welches nicht eines Andern wegen, sondern um Dessen willen das Andere ist. Bildet nun ein Solches das letzte Glied, so kann die Reihe des Werdens nicht unendlich sein; giebt es kein Derartiges, so giebt es auch kein Weßwegen. Diejenigen, welche einen unendlichen Proceß des Werdens setzen, heben eben damit, ohne es zu wissen, den Begriff des Guten auf, und doch würde Niemand die Hand anlegen, etwas zu thun, wenn er nicht zu einem Ziele zu gelangen gedächte. Auch wäre keine Vernunft in solchem Thun; denn der Vernünftige handelt immer wegen eines Zweckes. Dieses aber ist ein Letztes. Der Endzweck ist nämlich ein Letztes." cf. Ethic. Nikomacheia 1, 1; ferner Thomas von Aquin S. Th. «de fine hominis». Um nun diesen letzten Zweck näher zu bestimmen, geht er, wie bereits angedeutet wurde, von dem Begriffe der Bewegung aus. Dieselbe ist ein Uebergang von der Potenz zur Wirklichkeit. Soll nun dieser Uebergang stattfinden, so ist ein Bewegendes vorausgesetzt, das selbst wirklich und früher ist als die Potenz. Daher der Satz: „Alles, was bewegt wird, ist von einem Andern bewegt". Nun können wir nicht in infinitum gehen, sondern müssen bei einem ersten unbewegten Beweger stehen bleiben, der reine Entelechie ist (ohne Materie) und aller Potenzialität vorhergeht. In diesen Sätzen haben wir in Kürze den sogenannten „Bewegungsbeweis" des Aristoteles für die Existenz Gottes. cf. Met. III, 4; IX, 8. „Und zwar hat sich nach den vorhergehenden Erörterungen herausgestellt, daß dem Wesen nach die Actualität früher ist, als die Potenzialität und, wie gesagt, der Zeit nach immer eine Actualität der andern vorhergeht, bis man zuletzt bei der Entelechie eines ersten Bewegenden ankommt". Da nach den frühern Erörterungen die Actualität und der Zweck identisch sind, so folgt daraus, daß eben die reine Entelechie der erste Bewegende, höchster Zweck ist. cf. IX, 9; ferner Phys. VII, 1 und VIII, 6. In diesem letzteren Capitel lehrt der Stagirite zunächst: „Nothwendig muß das erste Bewegende ein selbst nicht mehr Bewegtes sein". Dann weist er nach, daß man nur Einen ersten Beweger annehmen solle. „Weit eher aber muß man glauben, daß es (das erste Bewegende) Eines ist, als Viele und von begrenzter Anzahl, als von unbegrenzter; denn wenn gleicher Erfolg erreicht wird, muß man immer eher das Begrenzte annehmen; in den Naturdingen muß weit eher, wenn es möglich ist, das Begrenzte und das Bessere vorhanden sein; hinreichend aber ist es auch, wenn es Eines ist, welches als das Erste unter dem selbst nicht mehr Bewegten immerwährend ist und so für das Uebrige Princip der Bewegung sein wird." cf. Met. XI, 9. Er führt dort die Annahme einer unendlichen Reihe bewegender Ursachen ad absurdum. „Da nun bei einer unendlichen Reihe kein Erstes stattfindet, so könnte das Erste nicht sein, folglich auch nicht das Nachfolgende und Nichts könnte also entstehen, sich bewegen oder verändern". Wir haben den Eindruck gewonnen, daß die zweite Hälfte des XI. Buches vom Capitel 9 an sich inhaltlich an das IX. Buch anschließt, und so diese zweite Hälfte des XI. Buches den Uebergang vom IX. zum XII. Buche bilden würde.

Dieses XII. Buch ist in Bezug auf die Theologie des Stagiriten wichtig, wie keine andere Schrift desselben. Schwegler bemerkt in seinem Commentar zu demselben Seite 236: „Das zwölfte Buch bildet den Abschluß, gleichsam die überwölbende Kuppel der gesammten Metaphysik". Jedoch beginnen erst vom 6. Capitel an die höchst wichtigen Erörterungen, welche bedeutungsvoll sind nicht nur in Betreff des Beweises für die Existenz Gottes, sondern namentlich auch bezüglich seines innern Wesens und Lebens, sowie seiner Beziehung zur Welt. Eine höchst wichtige Lehre ist die, daß Aristoteles Gott als Geist ($νοῦς$) bezeichnet. cf. zum Folgenden namentlich die herrlichen Ausführungen im Capitel 7. Wenn wir zugleich die bezüglichen Erörterungen seiner Ethik in Betracht ziehen, so können wir folgenden Beweisgang des Stagiriten erkennen: Gott ist reine Entelechie und als solche das beste Wesen. Nun ist aber das Leben besser als das Nicht=Leben, cf. de generat. an. II, 1. Daher ist Gott ein lebendes Wesen. Unter den Lebensthätigkeiten nimmt aber den höchsten Rang ein die Vernunftthätigkeit; also muß diese Gott zugeschrieben werden. Die theoretische Thätigkeit ist besser als die praktische, und so besteht denn das Leben der Gottheit in der $θεωρία$. cf. Ethic. Nik. X, 7. Nun die Frage: Welches ist das Object dieser Denkthätigkeit? Hierauf antwortet der Stagirite Met. XII, 9: Nur das Beste, das Ehrwürdigste ist dieses Object, also Gott selbst. Derselbe erkennt nicht Objecte außer sich; denn würde Gott Wesen außer sich denken, so wäre das Gedachte ehrwürdiger als das Denkende. Gott wäre aber dann nicht mehr das Beste und Ehrwürdigste. „Sich selbst also denkt die Intelligenz, wenn sie das Vorzüglichste ist und ihr Denken ist Denken des Denkens" ($νόησις\ νοήσεως$). In dieser ewigen Selbsterkenntniß besitzt Gott seine Glückseligkeit; er ist von allen andern Wesen durchaus unabhängig, daher selbstgenügsam.

Die bisherigen Erörterungen mußten uns bereits die Frage nahe legen: Wie denkt sich Aristoteles das Verhältniß Gottes zur Welt? Da nach der Lehre des Stagiriten Gott erster Beweger der Welt ist, kommt hauptsächlich in Betracht, wie er die Welt bewege. Nach Aristoteles kennt Gott nur sich selbst, kein außer ihm befindliches Wesen; er ist nicht nach Außen thätig, sondern seine einzige Thätigkeit ist die Selbsterkenntniß. Gott ist nun erster unbewegter Beweger als höchster Gegenstand des Verlangens, als höchster Zweck. Wir haben früher gesehen, daß die Materie nach der Form strebt, und insofern die Materie nach der Form strebt, können wir sagen: Die Form bewegt als Zweck die Materie. Die Form ist Zweck. Siehe Met. lib. 12, Cap. 7, „κινεῖ δὲ (τὸ οὗ ἕνεκα) ὡς ἐρώμενον, κινούμενον δὲ τ'ἄλλα κινεῖ". Gott ist nun seiner Wesenheit nach höchste Entelechie, also strebt alle Materie zu ihm hin als dem höchsten Zwecke. Gott bewegt demnach die Welt nicht durch eine besondere Handlung, sondern seiner Wesenheit nach, also nothwendig und ewig. Die Dinge haben je nach der verschiedenen Stellung in der Weltordnung auch ein verschiedenes Streben nach dem höchsten Zwecke, resp. verschiedene Bewegungen. Am nächsten bei der Gottheit steht der Fixsternhimmel, dieser wird in einer einheitlichen, ewig continuirlichen Bewegung, in der Kreisbewegung bewegt. Am unvollkommensten ist diese Bewegung bei den am weitesten von Gott abstehenden Wesen, bei den Dingen dieser Erde. Allein auch hier haben wir ein Werden, resp. ein Streben nach der höchsten Entelechie. So gelangen durch das Streben nach der höchsten Form alle Dinge in ihrer Art zur Aehnlichkeit mit Gott und gerade auf jenem Streben beruht die Ordnung in der Weltbewegung. Dadurch, daß alle Dinge dem Vollkommensten zustreben, werden sie selbst vollkommen, verwirklicht sich in ihnen das Göttliche, können sie in gewissem Sinne göttlich genannt werden. So die Gestirne; ferner der menschliche Geist, der ja die Gottheit in der ϑεωρία nachahmt; vd. de anima III, 4, 7—9; Ethic. Nikom. X. Ja, da jedes Ding eine Wesensform besitzt, Gott aber höchste Entelechie ist, so ist in jedem Dinge etwas Göttliches. Er nennt daher die Form: καλόν, ἄριστον, ϑεῖον. In diesem Sinne ist wohl auch der Satz Ethic. Nikomach. 7, 14 zu verstehen: „πάντα γὰρ φύσει ἔχει τι ϑεῖον". — Wir sehen so, daß auch bei dem sogenannten Bewegungsbeweise für das Dasein Gottes die Lehre von der Zweckursache eine wichtige Rolle spielt. Ferner ist einleuchtend, daß, wie die Körperlehre, die Psychologie, so auch die Theologie des Stagiriten basirt auf seiner Theorie von Materie und Form; diese Lehre erzeigt sich so als das Fundament seines ganzen Systems.

Nun die wichtige Frage: „Denkt sich Aristoteles Gott als der Welt immanent oder transcendent? Ist der Stagirite Pantheist, Deist oder Theist?" Bekanntlich existirt hierüber eine Controverse: Kym z. B. in seiner Schrift „Die Gotteslehre des Aristoteles und das Christenthum" neigt sich mehr der Anschauung zu, der Stagirite habe Gott als der Welt immanent gedacht. — Andere nennen ihn Deist, wieder Andere sogar Theist. So Professor Rohrer in einem Aufsatze „Aristoteles als Theist". [12]) Obwohl wir auch bezüglich dieser Frage bei unsern Studien über Aristoteles viel Material gesammelt haben, würde es uns doch hier zu weit führen, auf diese Controverse einläßlicher einzugehen. Da wir uns zur Aufgabe setzten, die Lehre von der causa finalis zu behandeln, so kann es sich hier nicht darum handeln, eine erschöpfende Darstellung der aristotelischen Theologie zu geben, sondern wir wollten nur zeigen, wie der Stagirite seine Zwecklehre mit der Lehre von Gott als dem höchsten Zwecke abschließt. Jedenfalls soviel ist sicher, daß Aristoteles nicht in dem Sinne Theist genannt werden kann, als wäre er Weltschöpfer. Der Schöpfungsbegriff liegt ihm ferne. Gott hat nicht als Weltschöpfer die Zweckordnung der Natur hervorgerufen, sondern die Natur ist zweckmäßig eingerichtet, weil sie zu Gott, als dem vollkommensten Wesen, dem höchsten Zwecke, hinstrebt.

Sehr wahr ist die Lehre des Stagiriten, daß Gott den höchsten Zweck der Welt bildet. Im Uebrigen ist die Gotteslehre des Aristoteles ein Punkt, in dem wir vom Standpunkte der christlichen Philosophie demselben nicht in allen Beziehungen folgen können. Nun hat aber der geistreichste Interpretator des Aristoteles, Thomas von Aquin, diese Lehre in vorzüglichster Weise geläutert und vervollkommnet. Der Aquinate geht, wie Aristoteles, aus von der Theorie über Materie und Form und gewinnt dadurch eine höhere, ideale Naturauffassung: «Forma nihil est aliud quam divina similitudo participata in rebus, unde convenienter Aristoteles (Phys. I.) de forma loquens, dicit quod est divinum quoddam et appetibile». S. cont. Gent. III, 97; cf. S. Th. I, qu. 44, a. 3. Die Formen der Weltdinge sind Nachbilder des göttlichen Wesens, resp. der göttlichen Ideen. — Was die Gottesbeweise betrifft, nennt er in erster Linie in Anschluß an den Stagiriten den sogenannten Bewegungsbeweis; er stellt ihn an die Spitze seiner fünf Gottesbeweise, die er S. Theol. I, quæst. III, art. 3 entwickelt: «Prima et manifestior via sumitur ex ratione motus». cf. S. contra Gent. I, c. 13. Was wir aber hier besonders betonen möchten, ist der sogenannte teleologische Gottesbeweis. Nachdem Thomas in den vier ersten, den sogenannten kosmologischen, Beweisen das Dasein eines Weltschöpfers in streng philosophischer Weise bewiesen hat, zeigt er nun mit Hinweis auf die Zweckordnung der Natur, daß dieser Schöpfer ein intelligentes Wesen ist, welches in der Natur Alles auf's Beste leitet. Dieses scharfsinnige Argument, welches sich in seinen Prämissen an die aristotelischen Principien anlehnt und denselben einen höhern Abschluß giebt, bilde den Schluß des ersten Theiles unserer Arbeit: S. Theol. I, quæst. II, art. 3: «Quinta via sumiter ex gubernatione rerum. Videmus enim quod aliqua quæ cognitione carent, scilicet corpora naturalia, operantur propter finem. Quod apparet ex hoc quod semper aut frequentius eodem modo operantur, ut consequantur id quod est optimum. Unde patet quod non a casu, sed ex intentione perveniunt ad finem. Ea autem quæ non habent cognitionem, non tendunt in finem, nisi directa ab aliquo cognoscente et intelligente, sicut sagitta a sagittante. Ergo est aliquid intelligens, a quo omnes res naturales ordinantur ad finem; et hoc dicimus Deum.»

Zweiter Theil.

Bedeutung der Natur-Teleologie in der Gegenwart.

Die vorstehenden Erörterungen hatten zum Zweck, zu zeigen, welche Bedeutung der geniale Stagirite der Zweckursache beilegt; Aristoteles, dessen Lehrsystem den Culminationspunkt der philosophischen Entwicklung jenes Volkes bezeichnet, das, wie keine andere Nation des Alterthums, zur Speculation befähigt war. Doch wir legen den bezüglichen Lehren des großen Denkers nicht etwa nur einen historischen Werth bei; es ist uns nicht nur darum zu thun, diese Doctrinen den Quellen zu entheben, gleichwie man Petrefacten ausgräbt und in einer Sammlung dem Publicum zur Besichtigung ausstellt. Nein, wir schrieben den dargelegten Principien auch eine actuelle Bedeutung für die Gegenwart zu; dieselben sind in der Jetztzeit nicht nur todte Fossilien, sondern lebensfähige Keime, in deren organischer Fortentwicklung wir das Heil für die Naturphilosophie der Jetztzeit erblicken. Diese Gedanken bilden den Gegenstand der ferneren Untersuchungen.

Wenn wir auf die Geschichte der nacharistotelischen Naturphilosophie in Kürze einen Rückblick werfen, kann uns zunächst nicht entgehen, daß man schon im Alterthum vielfach von den tiefsinnigen Grundsätzen des Stagiriten abwich; so bekämpften z. B. die Epikuräer zur Zeit des Zerfalles der griechischen Philosophie die Natur=Teleologie und kehrten zur rein mechanischen Naturerklärung der Vorsokratiker zurück. — In der patristischen Zeit dagegen und im Mittelalter bis zum Ausgang des 16. Jahrhunderts war die teleologische Welt= anschauung, wenn auch nicht ausschließlich geltend, doch entschieden vorherrschend. Die Kirchen= väter und die großen Denker des Mittelalters waren dabei geleitet einerseits von der erhabenen Schöpfungslehre der Offenbarung, andererseits von der idealen Naturbetrachtung eines Plato, wie z. B. Augustinus, oder eines Aristoteles, wie z. B. Albertus Magnus und Thomas von Aquin. — Auch zur Zeit der Renaissance fehlte es nicht an teleologischen Bestrebungen, ging man ja doch hauptsächlich auf die Lehren jener größten Philosophen des Alterthums zurück. — Jedoch seit dem Anfang des 17. Jahrhunderts trat allmälig eine Abneigung gegen die Teleo= logie ein, und es machte sich von jener Zeit an wieder immer mehr die Anschauung geltend, in der Natur seien nur Stoffe und bewegende Ursachen anzunehmen, dagegen dürfe die Finalursache nicht als Princip der Naturerklärung verwerthet werden. (Mechanische Natur= Erklärung.) [13])

Näheres über den Entwicklungsgang der Naturphilosophie seit dem Ausgang des 16. Jahrhunderts bis auf die Gegenwart findet der Leser in jedem größeren Werke der Ge= schichte der Philosophie; wir möchten besonders noch auf zwei Schriften aufmerksam machen, nämlich auf die „Geschichte des Materialismus" von Lange und auf einen Aufsatz von Dr. Schlüter in der Zeitschrift „Natur und Offenbarung" „Bemerkungen über Teleologie, ihren Begriff, ihre Geschichte und ihre Haltbarkeit". — Betrachten wir die Gegenwart, resp. den Entwicklungsgang etwa in der zweiten Hälfte des 19. Jahrhunderts, so wird Jedem leicht einleuchten, daß jene mechanische Naturerklärung große Dimensionen angenommen hat und eine Macht geworden ist, mit welcher die Philosophie rechnen muß. Der sogenannte „Monismus" will derselben nicht etwa nur auf gewissen Gebieten, z. B. in der Physik, Geltung zuschreiben, sondern erweitert sie zur allumfassenden, allein berechtigten Weltanschauung. Was man gegen= wärtig unter (mechanischem) Naturerkennen versteht, darüber äußert sich Emil Du Bois= Reymond, Professor der Berliner Universität, in seiner Rede „Ueber die Grenzen des Natur= erkennens" auf folgende Weise: „Naturerkennen — genauer gesagt naturwissenschaftliches Er= kennen oder Erkennen der Körperwelt mit Hilfe und im Sinne der theoretischen Naturwissen= schaft — ist Zurückführen der Veränderungen in der Körperwelt auf Bewegungen von Atomen, die durch deren von der Zeit unabhängige Centralkräfte bewirkt werden, oder Auflösung der Naturvorgänge in Mechanik der Atome. Es ist psychologische Erfahrungsthatsache, daß, wo solche Auflösung gelingt, unser Causalitätsbedürfniß vorläufig sich befriedigt fühlt. Die Sätze der Mechanik sind mathematisch darstellbar, und tragen in sich dieselbe apodiktische Ge= wißheit, wie die Sätze der Mathematik. Indem die Veränderungen in der Körperwelt auf eine constante Summe von Spannkräften und lebendigen Kräften, oder von potentieller und kinetischer Energie zurückgeführt werden, welche einer constanten Menge von Materie anhaftet, bleibt in diesen Veränderungen selber nichts zu erklären übrig.... Denken wir uns alle Ver= änderungen in der Körperwelt in Bewegungen von Atomen aufgelöst, die durch deren constante Centralkräfte bewirkt werden, so wäre das Weltall naturwissenschaftlich erkannt. Der Zustand der Welt während eines Zeitdifferentiales erschiene als unmittelbare Wirkung ihres Zustandes während des vorigen und als unmittelbare Ursache ihres Zustandes während des folgenden Zeitdifferentiales. Gesetz und Zufall wären nur noch andere Namen für mechanische Noth= wendigkeit. Ja, es läßt eine Stufe der Naturerkenntniß sich denken, auf welcher der ganze Weltvorgang durch Eine mathematische Formel vorgestellt würde, durch Ein unermeßliches

System simultaner Differentialgleichungen, aus dem sich Ort, Bewegungsrichtung und Geschwindigkeit jedes Atoms im Weltall zu jeder Zeit ergäbe. „Ein Geist", sagt Laplace, „der „für einen gegebenen Augenblick alle Kräfte kennte, welche die Natur beleben, und die gegen„seitige Lage der Wesen, aus denen sie besteht, wenn sonst er umfassend genug wäre, um diese „Angaben der Analyse zu unterwerfen, würde in derselben Formel die Bewegungen der größten „Weltkörper und des leichtesten Atoms begreifen: nichts wäre ungewiß für ihn, und Zukunft „wie Vergangenheit wäre seinem Blicke gegenwärtig. Der menschliche Verstand bietet in der „Vollendung, die er der Astronomie zu geben gewußt hat, ein schwaches Abbild solchen Geistes „dar." cf. auch Dr. Zittel, Rede „Ueber Arbeit und Fortschritt im Weltall".

Was hier nun besonders in Betracht kommt, ist der Umstand, daß diese Naturerklärung, welche die Naturvorgänge auf Stoffe und bewegende Kräfte, resp. auf Bewegungen der Atome zurückführen will, vielfach zu einer Polemik gegen die Finalursachen ausgebeutet wird. Und zwar geschieht das nicht etwa nur bezüglich der leblosen Naturkörper, sondern auch das organische Leben, sein Ursprung und seine Formenmannigfaltigkeit soll nur mehr ein „mechanisches Problem sein". Namentlich wird in dieser letzteren Richtung die darwinische Theorie verwerthet. Hören wir auch hierüber Du Bois-Reymond in seinem Vortrage über „Die sieben Welträthsel". Redner nennt in demselben sieben Räthsel, welche sich der Naturerklärung entgegenstellen. Einige Schwierigkeiten bezeichnet er als transcendent, resp. wie er sich selbst ausspricht, als unüberwindlich, so das Wesen von Materie und Kraft, den Ursprung der Bewegung, das Bewußtsein, die Willensfreiheit (in gewisser Rücksicht). Andere dagegen betrachtet Reymond nicht als unlösbar, so die vierte Schwierigkeit: „Die Zweckordnung in der Natur". „Die vierte Schwierigkeit wird dargeboten durch die anscheinend (!) absichtsvoll zweckmäßige Einrichtung der Natur. Organische Bildungsgesetze können nicht zweckmäßig wirken, wenn nicht die Materie zu Anfang zweckmäßig geschaffen wurde; also sind sie mit der mechanischen Naturerklärung unverträglich. Aber auch diese Schwierigkeit ist nicht unbedingt transcendent. Hr. Darwin zeigte in der natürlichen Zuchtwahl eine Möglichkeit, sie zu umgehen, und die innere Zweckmäßigkeit der organischen Schöpfung, ihre Anpassung an die unorganischen Bedingungen, durch eine nach Art eines Mechanismus mit Naturnothwendigkeit wirkende Verkettung von Umständen zu erklären." pg. 77. — Sehr kühn äußert sich der begeistertste Anhänger des Darwinismus in Deutschland, Ernst Häckel, in seinem Vortrage: „Die Naturanschauung von Darwin, Goethe und Lamark", gehalten auf der 55. Naturforscher-Versammlung in Eisenach 1882. „Die Lehre von der natürlichen Zuchtwahl durch den Kampf um's Dasein" ist nichts Geringeres, als die endgiltige Beantwortung des großen Problems. „Wie können zweckmäßig eingerichtete Formen der Organisation ohne Hilfe einer zweckmäßig wirkenden Ursache entstehen?" (!) „Wie kann ein planvolles Gebäude sich selbst aufbauen ohne Bauplan und ohne Baumeister? (sic!) Eine Frage, welche selbst unser größter kritischer Philosoph, Kant, noch vor hundert Jahren für unlösbar erklärt hatte." — In sehr verächtlicher Weise drückt sich Dr. Brehm über die Zwecklehre aus; er nennt z. B. die Teleologen „Zweckmäßigkeitsschwärmer". vd. „Thierleben". 2. Aufl., I. Bd., S. 20 und ff. — Wir sehen so, wie leichtfertig Männer, die einem Aristoteles an Scharfsinn des Geistes weit nachstehen, sich über die Lehre von den Finalursachen hinwegsetzen.

Freilich können wir nicht verhehlen, daß diese Opposition gegen die Zwecklehre früher manchmal provocirt wurde durch eine unpassende Anwendung der Teleologie. Man ging oft zu leichtfertig über die Erforschung der Thatsachen, der stofflichen und wirkenden Ursachen hinweg und war gleich bemüht, einen Zweck zu finden. Dabei beachtete man dann manchmal die immanente Zweckmäßigkeit der Naturwesen zu wenig und ließ sich mehr nur durch äußere Nützlichkeitsrücksichten bezüglich des Menschen leiten. (cf. hierüber einen Aufsatz von Joseph Scholz „Bemerkungen zur sogenannten teleologischen Auffassung des thierischen Lebens" im 16. Band der Zeitschrift „Natur und Offenbarung"; dort werden verschiedene ungeschickte Anwendungen der Zwecklehre gerügt.) Jedoch wenn wir auch solche Abirrungen durchaus nicht billigen, möchten wir andererseits hervorheben, daß in neuerer Zeit sehr Treffliches geleistet wurde, um die Natur-Teleologie zu vertheidigen. Mehrerer vorzüglicher Abhandlungen werden wir später gelegentlich gedenken; wir erwähnen hier unter Anderm, was die Leistungen in Deutschland betrifft, vor Allem die hervorragende Zeitschrift „Natur und Offenbarung", welche seit 28 Jahren in musterhafter Weise gestützt auf die Thatsachen der modernen Naturwissenschaft die teleologische Weltanschauung gegenüber der einseitig mechanischen, resp. materialistischen vertheidigt. Ferner weisen wir hin auf das umfangreiche Werk von Dr. Lorinser: „Das Buch der Natur", Entwurf einer kosmologischen Theodicee; der Verfasser hat es unternommen, mit Benutzung auch der neuesten Resultate sämmtliche Zweige der Naturwissenschaft vom teleologischen Standpunkte zu bearbeiten. — Jedoch halten wir dafür, die Vertheidigung und tiefere Begründung der Zwecklehre werde in der Gegenwart am Besten dadurch erreicht, daß die Principien des Aristoteles immer mehr zur Geltung gebracht werden. Nun die Frage: „Ist etwa durch die von der modernen Naturwissenschaft festgestellten Thatsachen die aristotelische Lehre von der Zweckursache widerlegt?" Wir sagen: Nein! vielmehr wird dieselbe durch die theilweise dem Stagiriten noch unbekannten Resultate der neuern Forschung bestätigt. Die bloße Annahme von Stoff und bewegenden Ursachen genügt nicht zur Erklärung derselben. — Was nun die Begründung dieses Urtheiles betrifft, können wir freilich hier nicht das ganze, durch die Fortschritte so unermeßlich groß gewordene Gebiet der Naturwissenschaften in Betracht ziehen; denn zu diesem Behufe müßten wir, wie Lorinser, Bände schreiben. Wir berücksichtigen hauptsächlich das organische Leben, speziell die Zoologie und Anthropologie. So entsteht ein gewisses Ebenmaaß zwischen dem ersten und zweiten Theile unserer Arbeit, da ja Aristoteles insbesondere auf den genannten Gebieten seine Zwecklehre begründet hat. — Da in neuester Zeit in Folge der darwinischen Theorie namentlich rücksichtlich des organischen Lebens die Teleologie bekämpft wird, so ist auch nach dieser Beziehung die besondere Berücksichtigung der organischen Welt gerechtfertigt. Wegen der Größe des Gebietes kann es sich jedoch auch hier nur um eine Auswahl von besonders wichtigen Thatsachen handeln. Umfassendere Darlegungen findet der Leser unter Anderm in den oben genannten Werken; ferner in der trefflichen Schrift eines Mannes, der selbst Naturforscher ist: „Die Herrschaft der Zweckmäßigkeit in der Natur" von Carl Berthold, Vereinsschrift der Görresgesellschaft.

Betrachten wir zunächst die Pflanzenwelt. Wir machen vorab (um abzusehen von den Kryptogamen, in Bezug auf welche z. B. Berthold auch in vorzüglicher Weise die Teleologie der Entwicklung nachweist) auf die Entwicklung der Phanerogamen aufmerksam. Hier haben wir einen interessanten Proceß, der aber nur verständlich wird, wenn wir sein Hinstreben zu einem bestimmten Ziele betrachten, welches eben die vollkommen ausgebildete Pflanze ist. Aus den bezüglichen Erörterungen von Lorinser (Botanik) und Berthold geht zur Evidenz hervor, daß die früher dargestellten aristotelischen Sätze: «actus simpliciter prior quam potentia»; „Das Vollkommene ist vor dem Unvollkommenen" auch durch die neuern mikroskopischen Forschungen bestätigt werden. Das Gleiche gilt namentlich auch von dem wichtigen Satze: „Das Ganze ist vor dem Theile". Berthold bemerkt pg. 20: „Betrachten wir den Keimling der Pflanze vor dem Beginn seiner Entwicklung, so finden wir ihn bereits für die Zukunft in einer Weise veranlagt, die von einem, der ganzen Entwicklungsreihe vorausliegenden, mit außerordentlicher Einsicht entworfenen Plane zeugt". Schon in dem Stengelchen des jungen, schwachen Pflänzchens sind geraume Zeit vor der Entwicklung der ersten Blätter die Anlagen der Gefäßbündel vorhanden, die bei den vollkommenen Pflanzen seine Bögen mit einem aufsteigenden und absteigenden Schenkel bilden, welche Bögen wie der erste Aufriß einer wunderbaren Architektonik des Baues der Pflanze erscheinen. Von diesem Gefäßbündel=System, von den Blattpursträngen mit ihren Verzweigungen, Verknüpfungen und Ordnungen, ist zuerst das Gesetz der künftigen Blattstellung mit seinen mathematischen Formeln abhängig, und durch diese Blattstellung wird hinwieder die Anordnung der Knospen und Zweige, kurzum der Außenbau der Pflanze bedingt. Die unmittelbare Beobachtung lehrt zudem, daß die durch diesen Grundplan verursachten Stellungs=verhältnisse der Zweige und Blätter für die Aufgabe der Blätter durchaus zweckmäßig sind, indem dadurch ermöglicht wird, daß bei den auch noch so reich belaubten Gewächsen jedes einzelne Blatt in seine Lebensquelle, in das Licht und die Luft gebracht wird, ohne den mit ihm an einem Zweig wachsenden Blättern diese Lebensquelle abzuschneiden. Aber diese bereinstige Stellung war schon fest bestimmt, ehe überhaupt Blätter vorhanden und die Einflüsse des Lichtes und der Atmosphäre, der Schwerkraft und Elektricität und anderer physikalischer Agentien auf dieselben möglich waren. cf. Trendelenburg, "Logische Untersuchungen IX. Der Zweck. II. Band. pg. 14 ff." Diese Abhandlung gehört zum Besten, was seit Aristoteles in seinem Sinne und Geist über die Zweckursache geschrieben worden ist. Der Verfasser bemerkt unter Anderm: "In dem ununterschiedenen Keime liegen die Unterschiede verborgen, und in dem ganzen Verlaufe der Entwicklung regiert jeden Schritt das künftige Ganze. Daß das Ganze früher sei, als die Theile, wie Aristoteles sich ausdrückt, das liegt in dem Samen und der Entwicklung desselben sichtbar vor Augen." cf. auch Hertling: "Die Grenzen der mechanischen Naturerklärung". Er bemerkt in dieser vorzüglichen Schrift pg. 46 über den genannten Satz: "Jenes aristotelische Wort drückt zugleich auf's Schärfste den Gegensatz gegen die mechanische Ansicht aus. Denn nur dadurch kann das Ganze vor den Theilen sein, daß es in einem Gedanken anticipirt wurde, daß eine vorgreifende Intelligenz die Theile auf das Ganze und weiter die Kräfte des Naturlaufes auf die Gestaltung der Theile hingerichtet hat."

Wenn wir nun die ausgebildete Pflanze betrachten, so sehen wir, wie dieselbe so zweckentsprechend eingerichtet ist für die Erhaltung des Individuums und der Art. Jedes Organ entspricht seinem Zwecke, alle Theile dem Ganzen. Es sei hingewiesen auf die Endosmose, wodurch die Pflanzen die in Wasser aufgelösten anorganischen Stoffe aus dem Boden vermittelst der Wurzel aufnimmt und sich assimilirt. Ferner auf die Zersetzung der Kohlensäure in den grünen Pflanzentheilen, resp. die Assimilation des Kohlenstoffes und die Ausscheidung des Sauerstoffes. Es sei aufmerksam gemacht auf die Einrichtung der Pflanzen hinsichtlich der geographischen Verbreitung, worüber Berthold l. c. pg. 33 ff. trefflich handelt. (Berthold selbst verweist auf das Werk von Griesenbach: "Die Vegetation der Erde".) "Wenn wir den großartigen Plan, welcher in der geographischen Verbreitung der Gewächse vorliegt, in seinen Grundzügen betrachten, so gibt sich hier zunächst eine Anpassung der Gewächse an bestimmte Zonen, dann aber im Besondern eine Einrichtung für begrenzte Oertlichkeiten dieser Gebiete zu erkennen." Diesen Satz beweist er an schlagenden Thatsachen. Wir haben hier auch wieder eine Bestätigung der aristotelischen Lehre, daß jeder Organismus seinem Aufenthaltsorte entsprechend eingerichtet ist. -- Wir wollen nur einen Punkt noch besonders betonen, nämlich wie trefflich bei den Phanerogamen für die Erhaltung der Art gesorgt ist. Die Fortpflanzungsorgane: Staubgefäße und Stempel sind einander zweckentsprechend angepaßt zum

Zwecke der Fortpflanzung. Oft befinden sich diese Organe auf ein und derselben Pflanze, oft bei verschiedenen Individuen derselben Art. Sehr interessant ist nun, wie in der Natur für die Befruchtung gesorgt wird resp. für Uebertragung des Blüthenstaubes der einen Pflanzen auf den Stempel der andern. Diese Befruchtung wird bei den sog. „Windblüthen" vermittelt durch den Wind, bei den sog. „Insectenblüthen" aber durch Insecten. Hier zeigt sich nun „in der Anpassung pflanzlicher und thierischer Formen und Thätigkeiten eine solche durchgreifende, überraschende, von der scharfsinnigsten Berechnung zeugende Zweckmäßigkeit, daß auch kein Fäserchen, kein Farbenfleckchen, keine, auch noch so leichte Biegung eines Blummenblattes von dem wunderbaren Plane des Ganzen ausgeschlossen zu sein scheint." Berthold l. c. pg. 25; derselbe führt zwei sehr interessante Beispiele an, pg. 26, 27 und 28. Das eine betrifft eine Osterluzin=Art (Atristolochia clematitis), das andere eine Orchis (Orchis mascula).

Gehen wir nun über zum Thierreich. Wie wir in erster Linie auf die Entwicklung der Pflanze aus dem Keime aufmerksam machten, so weisen wir hier zunächst auf die Entstehung des Thieres aus dem Ei hin. Es ist eine Errungenschaft der neuern Wissenschaft, daß sie mit Hülfe des Mikroskops jene wichtige Thatsache fand, daß das Ei der Ursprung allen thierischen Lebens ist. „Omne vivum ex ovo." Zwar kommen freilich noch andere Arten der Fortpflanzung vor, so die Vermehrung durch Knospen, wie z. B. bei den Korallen, oder durch Theilung des mütterlichen Körpers. Jedoch bei all' den Thieren, welche diese Art von Fortpflanzung haben, zeigt sich auch die Entwicklung aus dem Ei, so daß das Ei im Thier= leben dieselbe Bedeutung hat, wie der Same im Pflanzenreich. Die Theorie von der sogen. Urzeugung aus anorganischen Stoffen ist in den Thatsachen nicht begründet, wie besonders die Versuche von Pasteur nachgewiesen haben. Interessant ist das bezügliche Urtheil, welches Birchow letztes Jahr in seinem Vortrage „Darwin und die Anthropologie" auf dem XIII. Anthropologischen Congresse gefällt hat; derselbe gesteht, daß die empirischen Beweise für jene Theorie fehlen. — Was nun die Entwicklung des Thieres aus dem Ei betrifft, werden auch hierin die obgenannten aristotel. Sätze bestätigt. Lorinser bemerkt, Zoologie pg. 51: „Die Entwicklung des Embryo aus dem Ei, die natürliche Grundlage aller Verschiedenheit im Thierreich, die erste Existenzbedingung aller nach einem bestimmten Plane gebauten Individuen, erfolgt, obgleich wir die Ursache derselben in keiner Weise zu ergründen vermögen, mit einer solchen Gesetzmäßigkeit, einer solch' verständigen Richtung auf das erstrebte Ziel hin, daß wir nothwendig zu der Ueberzeugung kommen müssen, daß diese Entwicklung eine sorg= fältig geplante, daß sie das Ergebniß eines vorausberechnenden Geistes ist." Er verweist unter Anderem auf die Forschungen von Agassiz, sodann auf diejenigen des größten Embryologen der Neuzeit, H. v. Baer, welche derselbe in seinen „Studien aus dem Gebiete der Natur= wissenschaften St. Petersburg 1876" veröffentlicht hat. Besonders interessiren uns seine mikroskopischen Untersuchungen in Betreff der Entwicklung des Hühnereies. Aus denselben ergibt sich, daß die bezügliche Lehre des Aristoteles von der neuern Wissenschaft im Wesent= lichen durchaus bestätigt wird. v. Baer spricht unter Anderm den Satz aus: „Worauf es uns ankommt, ist, zu erkennen, wie aus einem ganz gleichmäßigen Gebilde, wie der Keim ist, allmälig eine große Mannigfaltigkeit der Theile wird, und zwar nach einem innern Gesetze, welches kein anderes ist, „als alle Theile für die Zukunft vorzubereiten." Derselbe steht überhaupt dem Darwinismus gegenüber entschieden für die Teleologie ein. (Er gebraucht für Zweckmäßigkeit den Ausdruck „Zielstrebigkeit" der Natur). — Wir führen noch Folgendes bei: Häckel hat in seiner Schrift „Natürliche Schöpfungsgeschichte" behauptet, daß die Em= bryonen verschiedener Thiere auf einer gewissen Entwicklungsstufe ganz gleich seien. Wenn man sich nun darauf beruft, daß die Instrumente keinen Unterschied zeigen, so bemerkt der große

Naturforscher Secchi dem gegenüber in seinem Vortrage „Die Größe der Schöpfung" pg. 10: „Die Thoren! sie begreifen nicht, daß jene zwei Keimzellen, von denen die eine z. B. einen Vogel, die andere einen Fisch erzeugt, in der Anordnung ihrer innern Theile gerade so verschieden sein können und müssen, als es die beiden ausgewachsenen und entwickelten Thiere sind. Auch mit den stärksten Instrumenten werden wir diese Keimzellen immer nur als kleine Pünktchen sehen, ähnlich wie ein Elephant und ein Pferd Jedem, der sie von der Ebene aus auf dem Gipfel eines sehr fernen Berges wahrnimmt, als bewegliche und nicht merklich verschiedene Punkte erscheinen." Wir sehen, Secchi steht für die Lehre ein, daß im Embryo schon potentiell d. h. die Analoge nach die spezifische Wesenheit des betreffenden Thieres vorhanden ist.

Betrachten wir nun das vollkommen ausgebildete Thier, so sehen wir, daß dasselbe höchst zweckmäßig eingerichtet ist in Bezug auf jene Ziele, die schon Aristoteles als Zweck des Thierreiches betrachtet hat: Erhaltung des Individuums, Fortpflanzung und Erhaltung der Art. Wir werden hier absehen von den niedern Organismen und erwähnen nur einzelne Beispiele aus dem Leben der höher organisirten Thiere, der Fische, Vögel und Säugethiere. Wir sehen hier zunächst wieder eine prächtige Bestätigung des Satzes, daß jedes Thier entsprechend dem Aufenthaltsorte eingerichtet ist, für den es seiner Natur nach bestimmt ist. Was die **Fische** betrifft, spricht sich Berthold l. c. 71 in zusammenfassender Weise folgender Maßen aus: „Durchaus für sein Element geschaffen, ist der Fisch gleichsam ein Kahn mit dem Ruderwerk der durch Gräten bald gespannten, bald gesenkten, abwechselnd beweglichen Flossen nebst der als Steuerruder wirkenden Schwanzflosse. Das dünne, glatt anliegende Schuppenkleid erleichtert die Geschmeidigkeit der Bewegungen; das beim Fortschwimmen durch das Maul eingeschluckte Wasser strömt rückwärts ab durch die Kiemenbögen, deren Fasern überrieselnd und den Sauerstoff des Wassers absetzend, und tritt durch die Kiemenspalten wieder aus, befördert durch die eilende Fortbewegung des Fisches. Die Athmung findet also in einer einzigen Richtung statt. Hätte der Fisch nöthig, das eingeschluckte, zum Athmen dienende Wasser wieder auszuspeien, und wäre also der Athmungsprozeß an zwei Richtungen gebunden, so würde das wieder zurücktretende Athemwasser einen Gegenstoß gegen das umgebende Element äußern, welcher nach rückwärts wirkend die Fortbewegung des Fisches erschweren würde."

Der **Vogel** sodann ist seiner ganzen Organisation nach sehr zweckentsprechend zum Leben in der Luft resp. zum Fliegen eingerichtet; vd. Berthold l. c. „Die Vögel. Skelet und Organisation. Flug des Vogels." Das Problem des Fluges, das die moderne Technik noch nicht befriedigend gelöst hat, findet sich in trefflichster Weise realisirt beim unscheinbarsten Vögelchen. Wir machen hier auf einige andere Punkte noch besonders aufmerksam: Schon Aristoteles erkannte die teleologische Bedeutung der Stimme der Vögel. Durch die neueren Forschungen wird das vollständig bestätigt. „Auch diese Stimmenbegabung der Vögel hat ihre nähere und weitere zweckmäßige Bedeutung, die nächste als Signalruf, wodurch eine Menge Vögel derselben Art an eine Stelle zusammengeführt werden, oder als Lockruf, wodurch sich die Paare zusammenfinden, oder auch als Warnungsruf, durch den andere Vögel, die brütenden Weibchen oder die Jungen auf eine Gefahr aufmerksam gemacht werden. Für das Leben der Vögel und die Oekonomie in der Natur hat namentlich der eigentliche Gesang seine Wichtigkeit. Es pflegt nur das Männchen und zwar in der Brütezeit in der Nähe seines Neststandortes zu singen. Dadurch macht es sein Gebiet schon von weitem kenntlich, ein Umstand, der für die Haushaltung des Vogels höchst wichtig erscheint ꝛc." Berthold l. c. pg. 79 und 80. Was wir sodann noch besonders hervorheben möchten, ist die zweckmäßige Sorge für die Jungen, für die Erhaltung der Art, wir meinen das Brüten und die Schutzfarben der Eier. Das Brüten ist für den freiheitsliebenden Vogel ein schweres Opfer, das er aber in selbstloseſter Weiſe im Intereſſe der Art bringt. Genau das Maß der eigenen Körperwärme des Vogels ist nothwendig, um den Embryo zur Ausbildung zu bringen. „Zwiſchen den Feder= fluren der Vögel bleibt der Leib und die Bruſt nackt, durch welche Einrichtung das Brüten durch Mittheilung der ſtrahlenden Körperwärme an die Eier ermöglicht wird. Es ſind dieſe Federn=Raine durchgehends ſchon bei den jungen, noch in der Entwickelung begriffenen Vögelchen für deſſen zukünftige Thätigkeit voraus veranlagt; wo aber etwa bei hochnordiſchen Schwimm= vögeln ein vollſtändig geſchloſſenes Federpolſter als Schwimm= und Wärmekiſſen den Leib und die Bruſt bedeckt, wird die nackte Brutfläche durch Ausrupfen der Federn mit dem Schnabel hergeſtellt." (Bei der Eibergams.) Berthold l, c. 76. Bei jeder Spezies ist eine beſtimmte Brutzeit nothwendig, z. B. beim Haushuhn 21 Tage, beim Schwan 6 volle Wochen. Wenn wir nun ſehen, daß das Weibchen durch ſeine eigene Körperwärme den Embryo zur Ent= wicklung bringt und zwar ſchon beim erſten Brüten die nothwendige Zeit auf den Eiern zu= bringt, nicht länger aber auch nicht weniger lang, ſehen wir denn da nicht eine herrliche Ein= richtung, die uns in ſchönſter Weiſe die Zweckmäßigkeit zeigt? Aber den Eiern und den brütenden Weibchen drohen große Gefahren von Seiten der Raubvögel. Wie trefflich nun iſt für den Schutz geſorgt! Es zeigt ſich nämlich, daß die Farbe der Eier und des Rückens des brütenden Weibchens in frappanter Weiſe mit der Umgebung übereinſtimmt und ſo dem Blicke des Raubvogels ſehr ſchwer oder gar nicht erkennbar iſt. Werden z. B. wie bei der Feldlerche die Eier auf den offenen Boden gelegt, ſo haben ſie Bodenfarbe. Von etwa 400 europäiſchen Vogelarten haben, wie Tümler nachweist, circa 150 bodenſtändige Neſter und mit wenigen Ausnahmen bodenfarbige Eier. Wo ſolche Ausnahmen ſich zeigen, erklären ſie ſich leicht, z. B. ſobald die Eier bedeckt werden, oder wenn der betreffende Vogel ſonſt ſtark genug iſt zur Vertheidigung, iſt die Farbenähnlichkeit zwecklos. Wenn dann dieſelbe fehlt, zeigt Dieſes nur, daß die Natur Nichts zwecklos, überflüſſig, umſonſt thut, wie Ariſtoteles ſo ſehr betont. Das Letztere zeigt ſich auch darin, daß z. B. die Eier, welche in dunklen Höhlen gelegt werden, und ſo zum vornehereiu geſchützt ſind, ganz weiße Eier haben. — Daß die Natur Nichts über= flüſſig und zwecklos thut, zeigt ſich auch darin, daß jeweilen nur das brütende Weibchen eine mit der Umgebung übereinſtimmende Farbe hat, während Dieſes beim Männchen nicht der Fall iſt. Oft hat das Weibchen eine ſehr einfache unſcheinbare Gefiederfarbe, während das Männchen im ſchönſten Farbenſchmuck ſteht. Ein intereſſantes Beiſpiel erzählte Dr. Brehm in einem Vortrage, den er am 2. April 1881 in Luzern gehalten hat: „Ueber das Vogelleben im hohen Norden." Er ſprach unter Anderm von der Eibergans. Wie er anführte, brütet das Weibchen dieſer Vogelart in einem Neſt, das auf Tannzweigen errichtet iſt. Und ſiehe nun: der Rücken des Weibchens zeigt die ausgeſprochenſte Tannfarbe, während das Männchen in buntes, ſchönes Federkleid hat. (Auch bei Schmetterlingen und bei Meerthieren zeigt ſich dieſe Farben= verähnlichung) (chromat. Funktion). Hr. Brehm bemerkte, er ſei einſt dicht an einem ſolchen Neſt vorbeigegangen, ohne den Vogel zu beachten. Erſt als er im Zurückſchauen den Vogel auffliegen ſah, bemerkte er denſelben. Zeigt ſich nicht gerade aus dieſem Fall, wie ſehr durch die Verähnlichung die Wahrnehmung des Vogels erſchwert und derſelbe dadurch geſchützt wird? Jedoch dürfen wir in Betreff des Federkleides nicht einſeitig nur die Teleologie, die Nützlich= keit betonen. Ariſtoteles macht ſchon aufmerkſam, daß die Natur auch das Schöne hervor= bringe. Zeigt ſich nun aber nicht in dem ſo mannigfaltigen Federſchmuck der Vögel, in dieſer Farbenpracht die Schönheit der Natur? vd. Berthold l. c. pg. 79. „Man darf mit Grund annehmen, daß ſogar jede kleine Nuance, wir möchten ſagen, jeder Pinſelſtrich in dem großen Kunſtwerke der Natur von innen aus durch die Geſetze des Organismus, durch ſeine Aufgabe und ſeine Verhältniſſe bedingt und in Beziehung auf ein Ziel geſetzt ſei. Aber ſelbſt dann, wenn die Färbung zuweilen oder gar oftmals nur zum Schmucke diente, wäre dieses Letztere keine Widerlegung der Zweckmäßigkeit. Wenn an einem Kunstwerke Manches nur zur Verschönerung, zur Zierrath dient, sagt Professor Altum, wenn es albern wäre, die Zweckmäßigkeit des Werkes, etwa einer Gondel, deshalb bemäckeln zu wollen, weil sich vorn ein vergoldeter Neptunkopf oder der vergoldete Vordertheil eines Schwanes daran befindet, dessen Zweckmäßigkeit für den Gebrauch des Fahrzeuges vollkommen geleugnet werden muß, so ist es eben so ungereimt, die teleologische Auffassung der äußern Erscheinung eines Vogels darum bespötteln zu wollen, weil wir irgend eine Zierrath desselben durchaus nicht vom Nützlichkeits=Standpunkte aus begreifen können." Dieses Citat ist der Schrift: „Der Vogel und sein Leben" von Altum entnommen, auf welche wir hier besonders aufmerksam machen möchten. Ferner auf die Untersuchungen von Tümler. (Daß man das immerhin sehr wichtige Prinzip der Farbenverähnlichung vom teleologischen Standpunkte nicht allzu einseitig urgiren darf, zeigt J. Scholz in seinem Aufsatze „Bemerkungen zur sogenannten teleologischen Auffassung des thierischen Lebens". Zeitschrift: Natur und Offenbarung. 16. Bd. pg. 566.)

Ueber die Säugethiere vd. Lorinser „Zoologie", ferner Berthold l. c. 80 ff. Aus den bezüglichen Erörterungen geht klar die Bestätigung des aristotelischen Satzes hervor, daß jedes Organ des Thieres dem Zwecke entsprechend eingerichtet, zu dem es bestimmt ist. So ist z. B. Zweck des Herzens seine Stellung als Centrum des Blutumlaufes und zur Lösung dieser Aufgabe ist es höchst zweckmäßig eingerichtet. vd. auch Trendelenburg l. c. pg. 2 ff. Derselbe macht pg. 8 ff. besonders auf die Correlation der einzelnen Organe unter sich und mit dem ganzen Körper aufmerksam, wie sie Aristoteles betont hat. Erwähnt eine Darstellung des großen Zoologen Cuvier, welcher unter Anderm lehrt: „Jedes lebende Wesen bildet ein Ganzes, ein einziges und geschlossenes System, in welchem alle Theile gegenseitig einander entsprechen und zu derselben Wirkung des Zweckes durch wechselseitige Gegenwirkung beitragen. Keiner dieser Theile kann sich verändern ohne die Veränderung der übrigen, und folglich bezeichnet und gibt jeder Theil einzeln genommen alle übrigen." Er bemerkt sodann dem entsprechend, daß man, wenn eines der Glieder als Anfang gegeben ist, bei gründlicher Kenntniß der Lebensökonomie das ganze Thier darstellen könnte. Cuvier weist diese Sätze an sehr interessanten Thatsachen nach.

Betrachten wir nun den Menschen, den König der Schöpfung, so tritt uns auch hier wieder in hohem Maße die Zweckmäßigkeit entgegen. Wir wollen hier absehen von der so zweckmäßigen Construction des Körpers und seiner Theile, insofern es sich um rein somatologische Funktionen handelt, und wenden dagegen unsere Aufmerksamkeit einem tiefsinnigen Satze des Aristoteles zu, nämlich: Die Seele ist Zweck des Körpers; der Körper ist Organ der Seele und ihrer Thätigkeiten. Die neuere Wissenschaft bestätigt denselben durchaus. — Eine höchst wichtige Stellung im menschlichen Organismus nimmt das Nervensystem ein mit seinen beiden Theilen: Das „animale oder Cerebrospinal = Nervensystem" mit seinen Hauptpunkten (Gehirn und Rückenmark) und das „sympatische oder Ganglien=Nervensystem". Während dem Stagiriten die Nerven so gut wie unbekannt waren (er hielt die Nerven für Adern), zeigt uns die neuere Physiologie die hohe Bedeutung dieses Systems für Empfindung und sinnliche Wahrnehmung und erschließt uns damit eine neue Welt der Zweckmäßigkeit. Jedoch ein Theil dieses Systems, das also das Organ des niedern, sinnlichen Erkennens ist, enthält auch motorische Nerven. Nun zeigt sich gerade in dem Ineinandergreifen von Nerven, Muskeln und Knochen die Zweckmäßigkeit bezüglich der Körperbewegungen, welche ganz den Gesetzen der Statik und Mechanik folgen und ohne Zweifel auch in psychischer Beziehung sehr wichtig sind. Aber besitzt etwa das sogen. sympathische Nervensystem weniger Zweckmäßigkeit? Neben dem sinnlichen Erkennen hat der Mensch das niedere Streben, die sinnlichen Triebe, welche sich auf die Erhaltung des Individuums und der Art beziehen. Nun weist die Physiologie nach, daß jenes System mit den Körpertheilen in Beziehung steht, welche den genannten Zwecken dienen, z. B. Magen, Eingeweide, Herz ec. Können wir demnach nicht mit Recht das sympathische Nervensystem als Organ des sinnlichen Strebens bezeichnen? Das niedere Streben wird aber geleitet durch das niedere Erkennen, welche Lehre die neuere Physiologie bestätigt, indem sie nachweist, daß Nerven des animalen Systems im Ganglienfystem sich verzweigen. — cf. die psychologisch sehr wichtige Schrift von Dr. Jungmann: „Das Gemüth und das Gefühls= vermögen der neuern Psychologie". Wir sehen so, wie der Körper schon bezüglich der niedern psychischen Funktionen in den Dienst der Seele tritt. — Jedoch gilt das ganz besonders auch bezüglich der höhern geistigen Thätigkeiten des Menschen. Aristoteles hat hingewiesen auf die große Bedeutung der Hand, dieses Werkzeuges des Geistes. Wenn derselbe ferner die höhere Bedeutung der Sinne andeutete, so führt Trendelenburg diesen Gedanken sehr schön aus l. c. 13, 14: „Aber der Mensch befreiet sie aus dem selbstischen Zwecke des einzelnen Naturorganismus. In dem Menschen erscheint ein höherer Zweck, und indem sie sich diesem ergeben, verklären sie sich selbst. Nun vermittelt das Tastgefühl in der Hand die mannig= faltigen Künste; der Geschmack erkennt chemische Differenzen; der Geruch verfolgt die Substanz noch in den Zustand der Verflüchtigung; durch das Gehör wird die verständige Sprache mög= lich, der Wechselverkehr des Geschlechts, die Bedingung alles Denkens; und das bewegliche Auge erschließt die Unendlichkeit der Welt und ihrer Erkenntnisse. Alle Sinne treten in den Dienst des denkenden Geistes. Selbst die Organe der Ortsbewegung werden von einem höhern Zweck erfaßt und vermitteln die Möglichkeit einer Wissenschaft des Raumes, der Geometrie. So werden die Organe des Lebens von innen gebildet und umgebildet und das Niedere von dem Höheren emporgehoben. Wir messen aber das Höhere allein nach dem allgemeinern und mächtigern Zweck." cf. hiezu auch die vorzüglichen Ausführungen von Dr. Wieser in seiner Schrift: „Mensch und Thier". — Das niedere Erkennen, welches körperlicher Organe sich be= dient, steht demnach im Dienste der höhern geistigen. — Aristoteles hat, wie wir gesehen, auf dem Gebiet dieser Vernunfterkenntniß selbst die Teleologie durchgeführt. Sollte etwa seine Lehre mit der Zeit unhaltbar geworden sein? Nein; sie hat vielmehr bleibende Geltung. Wenn wir sehen, wie das Denken in Beziehung tritt mit seinem Objecte, setzt die Wahrheit unseres Erkennens nicht die Uebereinstimmung der Gesetze des Seins und Denkens voraus, zeigt sich hierin nicht eine weise Anpassung des Subjects an das Object zum Zwecke der Wahrheit? Sehr trefflich handelt über diesen Punkt Hertling am Schlusse seiner Schrift „Ueber die Grenzen ec." pg. 151 ff.: „Es ist das Denken nicht das Sein und das Sein nicht das Denken; das philosophische System, welches auf dem Grunde ihrer vermeintlichen Identität aufgebaut werden sollte, ist längst in seiner Haltlosigkeit erkannt, wohl aber sind beide für einander da, und das Räthsel, das in der Erkenntniß des Seienden verborgen ist, lichtet sich, wenn wir annehmen, daß, wie der menschliche Geist auf diese Erkenntniß angelegt ist, so auch dem Seienden ursprünglich ein Gedanke zu Grunde liegt".

Wie uns nun die Teleologie tiefern Aufschluß gibt über das Erkennen, so auch über eine andere höhere psychische Funktion des Menschen, über die Gemüthsthätigkeit. Wenn überhaupt das Gemüth mit dem Körper in inniger Beziehung steht, so hat die neuere Physiologie zur Evidenz bewiesen, daß dieses ganz besonders bezüglich des Herzens der Fall ist. Das zeigt sich schon im gewöhnlichen Leben durch die Modifikationen der Puls= frequenz in Folge von Affekten, sodann namentlich in Herzkrankheiten, plötzlichen Todesfällen in Folge von Gemüthserschütterungen. Dr. Jungmann zeigt nun in der obgenannten Schrift, daß nur die Teleologie uns über dieses Factum eine befriedigende Erklärung gibt. vd. pg. 205. "Die Gemüthsthätigkeit spannt alle vitalen Kräfte des Organismus zu höherer Energie. Nun ist es aber das Blut, von welchem die Organe der leiblichen Vermögen ihren Vigor empfangen, dessen lebendige Beziehung zu ihnen für die Aufrechthaltung und die Vollkommenheit ihrer Functionen ihrer Functionen darum ein wesentliches, und geradezu das vorzüglichste Moment bildet: der durch Erhöhung der Thätigkeit gesteigerte Verbrauch von Kraft und Stoff fordert mithin offenbar, damit eine angemessene Erhöhung des gewöhnlichen Ersatzes eintrete, eine entsprechende Modifikation der Blutzufuhr. Diese Modifikation muß vom Herzen ausgehen, welches die Bewegung des Blutes unmittelbar beherrscht (75): das, meinen wir, ist der Grund, weshalb der Schöpfer dem Herzen jene natürliche Beschaffenheit gab, vermöge deren es zum Gemüth und seinen Thätigkeiten in einer so viel unmittelbareren und lebendigeren Beziehung steht, als uns dieselbe in irgend einem anderen Organe begegnet." Wie sehr bestätigt sich also der so tiefe Gedanke des Aristoteles, daß der Körper für die Seele da sei!

Doch nicht nur was die Thätigkeit der einzelnen Organe und Organismen betrifft, von der Pflanze bis hinauf zum Menschen, bestätigten sich die so tiefsinnigen teleologischen Gedanken des Aristoteles. Der Stagirite hat mit seinem umfassenden Geiste auch den Zusammenhang des ganzen Universums überblickt und den Kosmos mit einem wohlgeordneten Heere verglichen. Zeigen wir nun durch einige Andeutungen, wie auch dieser Gedanke des Aristoteles, daß alle Theile des Kosmos ein wohlgeordnetes Ganzes bilden, die unter sich und mit dem Ganzen in innigster Beziehung stehen, durch die Thatsachen der neuern Naturwissenschaft vollkommen bestätigt wird. — Freilich hat Aristoteles bezüglich unseres Sonnensystems geirrt, indem er auf dem Standpunkte der ptolomäischen Weltanschauung stand. Aber ist sein Grundgedanke, daß das Universum ein zusammenhängendes Ganzes bildet, in dem alle Theile unter einander und zum Ganzen in bestimmter Weise disponirt sind, auf dem Standpunkte der kopernikanischen Weltanschauung weniger haltbar? Gerade die neuere Astronomie zeigt uns eine erstaunenswerthe, planmäßige Einrichtung des Himmelsgebäudes. Die regelmäßige elipsenförmige Bewegung der Planeten um den Centralkörper, zeigt uns das nicht eine ganz erstaunliche Berechnung, eine Mechanik, die bewunderungswürdiger ist als der kunstvollste, von menschlicher Hand konstruirte Mechanismus? Trefflich handelt hierüber Lorinser "Kosmische Physik", ferner auch Ulrici "Gott und die Natur".

Betrachten wir besonders die Erde und ihre Stellung im Kosmos. Aristoteles hat in sehr tiefsinniger Weise eine Reihenfolge von unter sich verschiedenen Wesen angenommen; anorganische Wesen, Pflanzen, Thiere, Menschen. Er hat uns zugleich gezeigt, wie das Niedere zum Zwecke des Höhern dient. Durch die neuern Forschungen wird dieses Gesetz vollständig bestätigt. Wir erkennen zunächst, wie innerhalb jeden Naturreiches die schönste Ordnung herrscht und sodann die Zweckbeziehung eines jeden zu den höhern. — Betrachten wir die anorganische Natur; finden wir nicht in dieser großen Mannigfaltigkeit von Gebilden wieder einheitliche Gesetze, wodurch die harmonische Einheit hervorgerufen wird? So beherrscht das Gesetz der Gravitation die ganze unorganische Welt. Und welche gegenseitige, zweckentsprechende Anpassung der verschiedenen Elemente, welche Gesetzmäßigkeit zeigt uns die anorganische Chemie, die nachweist, daß genau berechnete Aequivalente der und der Elemente die und die Verbindung hervorrufen! Kein Aequivalent mehr, aber auch keines weniger darf genommen werden, sonst kann oft anstatt einer gesundheitsfördernden Verbindung ein Gift entstehen, z. B. ist Sauerstoff ein wichtiges Lebenselement; ein Aequivalent mehr, Ozon, ein gefährliches Gift. vd. Näheres bei Lorinser "Mineralogie und Chemie". — Doch die anorganischen Wesen stehen nicht nur in innigster Verbindung unter sich, sondern sie haben eine innige

Zweckbeziehung zu der organischen Welt. So zeigt uns schon die Stellung der Erde im Kosmos diese zweckmäßige Beziehung. Wir machen vor Allem aufmerksam auf die hohe Bedeutung des Sonnenlichtes für die organische Welt. Ohne Sonne würde das Starren des Todes auf dieser Erde sein, kein organisches Leben wäre möglich, wenn nicht so viel Wärme durch die Sonne der Erde zugeführt würde, als diese durch Wärmestrahlung verliert. Soll diese organische Welt auf der Erde existiren, so ist dazu eine gewisse Temperatur, sind gewisse klimatische Verhältnisse erfordert. Offenbar sind aber diese Faktoren bedingt besonders durch die Entfernung von der Sonne. Da nun dieselbe eine tausendfach andere hätte sein können, so dürfen wir gewiß annehmen, daß der thatsächlich vorhandene Abstand absichtlich berechnet worden sei, um dieses organische Leben zu ermöglichen. Ferner: Der große Astronom Sechi hat die wichtige Entdeckung gemacht, daß die Sonne von einer Atmosphäre umgeben sei, und macht in seinem großartigen Werke „Die Sonne" auf die teleologische Bedeutung dieses Umstandes aufmerksam: „Diese überraschende Absorptionskraft der Sonnen-Atmosphäre hat den Vortheil, eine zu große und zu rasche Vergeudung der Sonnenwärme zu hindern. Die lebendige Kraft der Strahlen bleibt so in der Sonnen-Atmosphäre aufgespeichert und trägt dazu bei, ihre hohe Temperatur zu erhalten. Die Absorption bedingt keinen wirklichen Verlust; sie zerstört die Strahlen nicht, indem sie ihnen den Durchgang verwehrt; sie verhindert nur eine Dispersion, welche unnütz und selbst schädlich für die Planeten wäre. Was würde in der That aus unserer Erde bei einer acht Mal größern Radiation, als sie jetzt stattfindet, werden? Die Erfahrung bezeugt, daß in Länderstrichen, wo der Himmel klar ist, man nicht ungestraft sich den Sonnenstrahlen aussetzen kann, wenn man durch einfache Reflexion auf einem ebenen Spiegel ihre Kraft verdoppelt; wenn also die Strahlung eine acht Mal stärkere würde, so könnte auf unserm Planeten kein Geschöpf mehr am Leben bleiben." vd. die vorzügliche Biographie Secchi's von Dr. Pohle pg. 51. Bergl., was ebendaselbst pg. 52 über die Bedeutung, der Erdatmosphäre gesagt ist. — Es sei ferner hingewiesen auf den Neigungswinkel der Erde zu ihrer Bahnfläche und der großen Wichtigkeit dieses Factums für den Wechsel der Jahreszeiten, der wiederum für die organische Welt die größte Bedeutung hat. — Bedenken wir ferner die Vertheilung der Land- und Wassermassen auf der Erde, die verschiedenen Windströmungen, welche eine Milderung der Hitze am Aequator und die Erhöhung der Temperatur in den Polargegenden zur Folge haben. Können wir nicht sagen, daß die ganze physikalische Beschaffenheit der Erde für die organische Welt da ist?

Was speziell die Beziehung der anorganischen Wesen zur nächst höhern Stufe, der Pflanzenwelt, betrifft, sei hier auf Folgendes aufmerksam gemacht: Viele Pflanzen ernähren sich, wie bereits bemerkt wurde, vermittelst der Endosmose aus im Wasser aufgelösten anorganischen Stoffen, welche durch die Wurzeln aufgesogen werden. (Freilich dürfen wir andererseits auch nicht unerwähnt lassen, daß einige Pflanzen sich von organischen Substanzen ernähren.) Und welche Bedeutung hat für alle Pflanzen eine anorganische Verbindung die Kohlensäure? Und betrachten wir das Pflanzenreich an und für sich. Haben wir hier nicht eine herrliche planmäßige Ordnung? So mannigfaltig all' die Individuen sind, welche den Erdboden bedecken, so zeigt sich doch in all' dieser Mannigfaltigkeit wieder die schönste Einheit: Wir sehen einheitliche Gesetze der Entwicklung und Gestaltung. Alle die verschiedenen Individuen lassen sich auf bestimmte Species, Gattungen, Familien zurückführen. Das ganze Pflanzenreich zeigt die Realisirung eines großartigen Planes. (vd. die Ausführungen z. B. in Loriner's Botanik, „Systematische Ordnung im Pflanzenreich".) Jedoch wenn wir den herrlichen Blüthenschmuck der Erde betrachten, dürfen wir auch jenes andere Moment nicht vergessen, das Aristoteles betont: Im Pflanzenleben zeigt sich nicht nur Zweckmäßigkeit, eine planmäßige Ordnung, sondern auch die Schönheit. Die Pflanzenwelt ist ein herrlicher Schmuck der Erde.

Dieselbe hat aber wieder ein höheres Reich über sich: das Thierreich. Hat das Pflanzenreich auch zunächst eine selbstständige Stellung, so ist es doch andererseits einem höhern Zwecke dienstbar, der Thierwelt. Das zeigt sich zunächst deutlich bei den Thieren, deren Nahrung Pflanzen bilden. Jedoch auch bezüglich der Carnivoren erkennen wir die Wahrheit genannten Satzes: Alle Thiere bedürfen nämlich zu ihrem Leben des Sauerstoffes. Dieser Sauerstoff nun wird von den Pflanzen ausgeschieden und vom Thiere eingeathmet. Wären keine Pflanzen, so würde die Atmosphäre mit Kohlensäure so gefüllt sein, daß das Thierleben unmöglich wäre. Dürfen wir denn nicht sagen, die Pflanzenwelt ist für die Thierwelt da, hat in ihr ihren höhern Zweck? Und im Thierreiche selbst, welche planmäßige Ordnung! All' die unabsehbare Fülle von Thieren ist geordnet nach einem bestimmten Plane. (vd. Lorinser Zoologie: Natürliche Grundlagen der zoologischen Verwandtschaft; namentlich die Lehren von Agassiz über die 4 Grundpläne des Körperbaues.)

Ueber der Thierwelt erhebt sich wieder ein höheres Reich, die Menschheit, welche, wie Aristoteles richtig erkannte, durch den Geist sich wesentlich vom Thiere unterscheidet. (Wie hoch steht der heidnische Philosoph Aristoteles in dieser Beziehung über dem modernen Materialismus, welcher die Geistigkeit der menschlichen Seele läugnet und den Menschen dem Thiere gleich stellt!) Wie nun die Pflanzenwelt für das Thierreich da ist, so Pflanzen und Thiere für den Menschen. Der Mensch ernährt sich ja sowohl von Pflanzen als von Thieren und was speziell von der großen Bedeutung der Ausscheidung des Sauerstoffes durch die Pflanzen gesagt wurde, gilt auch für den Menschen. Jedoch der Mensch bedient sich der Natur nicht etwa nur, wie das Thier, zur Befriedigung leiblicher Bedürfnisse, sondern er macht sich die ganze Natur, auch die anorganische dienstbar für die höhern Zwecke der Civilisation, für Künste und Wissenschaften, wie gerade die Gegenwart deutlich zeigt. (vd. hierüber die trefflichen Ausführungen Wieser's in seiner genannten Schrift.) So bestätigt sich der aristotelische Gedanke, daß die gesammte Natur des Menschen wegen da sei, in ihm ihren höhern Zweck habe. „Wenn der Zweck sich erhebt, so ergreift er den schon verwirklichten Zweck als Mittel." Trendelenburg l. c. pg. 13. — Wenn wir nun, wie bei der Pflanzen- und Thierwelt von der Ordnung der Menschen unter sich sprechen wollten, so könnten wir zunächst von der physischen Ordnung reden, welche die schönste Harmonie zeigt. Jedoch kommt noch mehr die höhere Ordnung in Betracht, in welcher der Mensch sich befindet, die moralische. Da wir aber hier über Naturphilosophie und nicht über Ethik handeln, begnügen wir uns mit diesem Hinweise.

So haben wir denn eine Umschau gehalten auf verschiedenen Gebieten moderner Wissenschaft und überall gesehen, daß die festgestellten Thatsachen die Prinzipien des Stagiriten bestätigen. (Freilich gilt das nicht von allen naturwissenschaftlichen Ansichten des Aristoteles, wohl aber von den eigentlichen naturphilosophischen Fundamentalsätzen desselben; mehr wurde nie behauptet.) Es bewahrheiten sich bezüglich des Stagiriten die früher erwähnten Worte, daß „ein einzelner Geist oft weit über seine Zeitgenossen hinausragt und Jahrhunderten voraneilt, und so tief in die Natur der Dinge schaut, daß seine Anschauungen noch nach Jahrtausenden gelten, ja unveränderlich und ewig dauern." (vd. Abschnitt „Die Methode des Aristoteles".) Wenn Aristoteles jetzt lebte, würde er gewiß umsomehr an der Teleologie festhalten, als die fortgeschrittenen empirischen Wissenschaften uns mehr thatsächliche Belege darbieten, als ihm zu seiner Zeit bekannt waren. Freilich würde er auch klagen über die vielfache Rückkehr zu jener mechanischen Naturerklärung der Vorsokratiker, die er so scharf bekämpft hat. Auf die Prinzipien des Aristoteles müssen wieder zurückgehen, um siegreich den Kampf gegen den modernen Materialismus aufnehmen zu können. Die Abweichung von jenen Prinzipien hat in neuerer Zeit viel Confusion in die Naturphilosophie gebracht und viele Irrthümer im Gefolge gehabt. Snell bemerkt in seiner Schrift „Die Streitfrage des Materialismus", daß, wenn Aristoteles jetzt lebte, er zwar staunen würde über die größere Zahl der bekannten Details, aber auch über die Rohheit der Begriffe, welche vielfach an die Stelle seines feingebildeten Begriffes von der Entelechie gesetzt wurden. Und wenn Dr. Riehl in seinem Vortrage „Ueber wissenschaftliche und nichtwissenschaftliche Philosophie" bemerkt, der Zweck sei als Prinzip von der Naturerklärung auszuschließen, dagegen in der Ethik festzuhalten, so war Aristoteles von solchen Halbheiten fern. Er betont zwar freilich auch in der Ethik sehr den Zweck, wie gleich das erste Cp. des I. Bch. der Nikomach. Ethik beweist; aber er hatte eine einheitliche organische Weltanschauung, mit der er auf allen Wissensgebieten die Teleologie festhielt. [14])

Aristoteles blieb aber nicht nur bei den Zweckursachen der Natur stehen, sondern er hob seinen Geist empor zum höchsten Zwecke; er krönte seine Naturphilosophie durch die Lehre von Gott als dem absoluten Geiste. So bilde denn auch der Aufblick zu diesem Geiste den Abschluß unserer Betrachtungen. — Wir bemerken zunächst: Obwohl der sogenannte Monismus die mechanische Naturerklärung im Interesse des Atheismus ausbeutet, wollen wir doch derselben, „an und für sich betrachtet", nicht den Vorwurf des Atheismus machen. Wenn dieselbe Stoffe und bewegende Ursachen annimmt, so entsteht die Frage: Woher haben Stoff und Kraft ihren Ursprung? Die Beantwortung dieser Frage führt uns hin zu Gott dem Schöpfer. (Daß die Materie nicht nothwendig und ewig existirt, sondern von dem absoluten Geiste aus Nichts geschaffen ist, hat besonders Gutberlet in seiner Theodicee sehr scharfsinnig nachgewiesen und zwar ausgehend von bekannten Eigenschaften des Stoffes, z. B. von der Trägheit desselben.) Wenn sodann die Naturerscheinungen aus der Bewegung des Stoffes erklärt werden, so entsteht die Frage: Woher die erste Bewegung? Du Bois-Reymond betrachtet diese Frage von seinem Standpunkte als ein unlösbares Welträthsel. Wir aber antworten: Nur die Lehre von Gott, als dem ersten Beweger der Welt, gibt uns hierüber befriedigenden Aufschluß. vd. Näheres in unserer schon erwähnten Arbeit über den „Bewegungsbeweis" des hl. Thomas. Wir haben dort unter Anderm auch den Gedanken hervorgehoben, daß, wenn die neuere Naturwissenschaft die Bewegung so sehr betone, gerade dadurch der aristotelisch-thomistische Bewegungsbeweis eine höhere Bedeutung erhalte. Wir finden den nämlichen Gedanken auch ausgesprochen in den seither erschienenen Schriften „Die natürliche Gotteserkenntniß" von Schneider und „Das Ignoramus und Ignorabimus der neuern Naturforschung" von Dr. Haffner. [15])

Der Annahme eines höchsten Wesens des absoluten Geistes kann man also nicht aus dem Wege gehen, auch wenn man nur stoffliche und bewegende Ursachen annimmt. Jedoch der genannte Weg ist nicht der einzige für die Gotteserkenntniß. Bezüglich der Bewegungen drängt sich uns nicht nur die Frage auf: Welches ist die bewegende Ursache?, sondern auch: Welches ist das Ziel der Bewegungen? Und wenn wir nun sehen, wie die einzelnen Naturwesen in ihrer Thätigkeit resp. Bewegung nach bestimmten Zwecken streben, wenn wir erkennen, wie in der ganzen Natur eine planmäßige Zweckordnung herrscht, so müssen wir fragen: Wer hat den einzelnen Dingen jene Richtung zu einem Ziele, die „Zielstrebigkeit" gegeben? Wer hat jenen Plan entworfen? So gelangen wir zu einem andern Beweise für das Dasein Gottes, zum physico-teleologischen, welcher eine höhere Ergänzung zum „Bewegungsbeweise" bildet. — Der Zweck resp. die Hinordnung von Mitteln zum Zweck setzt, wie wir gesehen, einen Gedanken voraus,

ebenso der in der Ordnung verwirklichte Plan. Aber welcher Geist hat jenen Gedanken, diesen Plan concipirt? Die vernunftlosen Geschöpfe: anorganische Körper, Pflanzen und Thiere gewiß nicht. Wollen wir nun nicht zu den Absurditäten des Pantheismus, z. B. zur Annahme einer Weltseele, unsere Zuflucht nehmen oder zu der Lehre des neuern Pantheismus, daß Denken mit Sein identisch und der ganzen Natur das absolute denkende Prinzip immanent sei, so bleibt nichts Anderes übrig, als eben einen t r a n s c e n d e n t e n G e i s t anzunehmen, der Schöpfer, Welterhalter ist und das Universum durch seine Providenz leitet. Der tiefsinnige Beweis des hl. Thomas, den wir früher angeführt haben, behält auch in der Gegenwart seine volle Geltung bei. Ja gerade die durch die Detailforschungen der Neuzeit dargelegten Thatsachen lassen uns um so mehr die Weisheit des Schöpfers im Größten wie im Kleinsten erkennen. — Sehr schön hebt Trendelenburg l. c. pg. 43 hervor, daß unsere Erkenntniß oft also aufjauchze, daß die Liebe Gottes die Vollendung ihrer Freude sei. „Aber wo thut sie es? Wir meinen nur da, wo sich im Kleinen, wie im Großen dem Geiste die Harmonie offenbart, die die schöne Erscheinung der gedankenvollen Zwecke ist". — Wie erhaben ist diese ideale Auffassung gegenüber der Anschauung des modernen Materialismus, welcher in der Welteinrichtung nur das Werk der Zufälle oder einer blinden Nothwendigkeit erblickt, dagegen keinen Geist annehmen will, der Alles so weise geordnet hat. Wenn Aristoteles jetzt lebte, so würde er auch sagen, daß, wer einen Geist annehme, der die Natur beherrscht, sich zu den Uebrigen verhalte, wie ein B e =
w u ß t e r z u b e d a c h t l o s R e d e n d e n (vd. das früher erwähnte Citat pg. 13). —
Erfreulich ist, wie einer der größten Naturforscher der Gegenwart, der berühmte Astronom
S e c h i den Theorien des modernen Materialismus entgegengetreten ist. Er steht zwar, wie sein Werk „Die Einheit der Naturkräfte" beweist, auf dem Standpunkt der mechanischen Naturerklärung, aber er ergänzt dieselbe namentlich mit Rücksicht auf die organische Welt durch die teleologische. Er perhorrescirt die Ausschreitungen des „Monismus", kämpft energisch gegen all' die Zufallshypothesen und legt mit Entschiedenheit Zeugniß ab für den großen Geist, den Weltschöpfer, der die Natur so weise, so zweckmäßig eingerichtet hat. [16]) Wir verweisen hier namentlich auf seinen Vortrag „Die Größe der Schöpfung". Die Ausführung zweier Citate aus einer großen Zahl herrlicher Stellen bilde den Abschluß unserer Abhandlung. (cf. Auch die Citate, welche Pohle in der genannten Schrift pg. 52 und 53 aus Sechi's Werk „Die Sonne" anführt.) Das eine lautet: „Alsdann wird die herangereifte Wissenschaft das Falsche in der kindlichen Theorie Epikur's von der zufälligen Verbindung der Atome klar nachgewiesen haben und zeigen, daß von den unfaßbar großen Körpermassen des Sternenraumes bis zu den allerkleinsten Theilchen der Körper, Alles von festen, nach bestimmten Verhältnissen arbeitenden Gesetzen geometrisch in G e w i c h t, Z a h l und M a ß regiert wird, daß ein Zu=
fall nicht existirt, sondern nur ein o r d n u n g s w a l t e n d e r G e i s t, der
A l l e s s c h u f, v o r a u s s a h u n d a n o r d n e t e." pg. 35. Eine andere Stelle bezieht sich speziell auf die organische Welt. „W e r v o m O r g a n i s m u s r e d e t, d e r s p r i c h t
z u g l e i c h v o n Z w e c k s e t z u n g, u n d d i e s e Z w e c k s e t z u n g k a n n n i c h t v o m
b i l d e n d e n S t o f f e a l l e i n, s o n d e r n n u r v o n d e m o r d n e n d e n V e r =
s t a n d e a u s g e h e n, m i t e i n e m W o r t e, s i e kommt vom Geiste, und in
l e t z t e r L i n i e v o n j e n e m h ö c h s t e n G e i s t e, d e r G o t t i s t". pg. 39.

Anmerkungen.

1. Gerade diese Erkenntnißlehre resp. die Methode des Aristoteles war der Hauptgrund, weßhalb im Mittelalter der Stagirite Plato vorgezogen wurde vd. Näheres hierüber bei Kleutgen „Philosophie der Vorzeit".

2. „Die scholastische Lehre von Materie und Form und ihre Harmonie mit den Thatsachen der Naturwissenschaft von Dr. M. Schneid. Zweite, umgearbeitete Auflage. Eichstätt 1877". Diese Theorie ist, wie aus den folgenden Erörterungen sich ergeben wird, das eigentliche Fundament, auf welchem das aristotelische Lehrsystem, speziell seine Naturphilosophie, aufgebaut ist.

3. „Ueber die Bedeutung der aristotelischen Philosophie für die Gegenwart. Berlin 1872." Es könnte sonderbar erscheinen, daß bezüglich der Naturphilosophie auch die Richtung des Willens, die Stimmung des Gemüthes einen Einfluß haben sollte. Dieses ist jedoch psychologisch sehr wahr, wie die Erfahrung zeigt. Wille und Gemüth üben einen großen Einfluß auf die Erkenntniß aus, namentlich, wenn es sich um die höchsten Probleme bezüglich der Welt handelt. Der moderne Materialismus z. B. will zum vorneherein keinen Schöpfer annehmen und beßhalb legt sich derselbe eine Naturphilosophie zurecht, mit der er den Schöpfer überflüssig gemacht zu haben sich einbildet. Lautere, reine Wahrheitsliebe, fern von allen Verkehrtheiten des Willens und Herzens, ist die Hauptbedingung zur richtigen Erkenntniß namentlich auf höherem Wissensgebiete. — Wenn sodann in obstehenden Erörterungen gelehrt wird, daß die Prinzipien des Stagiriten auch in der Gegenwart ihre volle Geltung haben, so bezieht sich das nicht etwa auf alle naturwissenschaftlichen Ansichten des Aristoteles, von denen manche mit der Zeit unhaltbar geworden sind, sondern auf die eigentlichen Fundamentalsätze seiner Naturphilosophie. Daß diese bleibenden Werth haben, darüber Näheres im 2. Theil.

4. „Harmonische Beziehungen zwischen Scholastik und moderner Naturwissenschaft mit spezieller Rücksicht auf Albertus Magnus, St. Thomas von Aquin rc." von Dr. Franz Xaver Pfeiser. Augsburg 1881.

5. Verfasser dieser Abhandlung ist freilich nicht der erste, der eine Darstellung der aristotelischen Teleologie unternimmt. So findet sich eine solche z. B. bei Ritter, Geschichte der Philosophie III; Zeller, Geschichte der griechischen Philosophie II, 2. Ferner wurde das Thema auch in Monographien behandelt, z. B. von Carrière, teleologiæ Aristot. lineamenta, diss. inaug., Berlin 1838 (diese Dissertation war im Buchhandel nicht mehr zu haben); Gustav Schneider, quæ sit causæ finalis apud Arist. vis atque natura, diss. inaug., Berlin 1865. Schneider hat sodann dieses Thema weitläufiger behandelt in der Schrift: De causa finali Aristotelis. Berlin 1865. Kenner werden sich jedoch von Dem überzeugen, was in der Einleitung bereits bemerkt wurde, daß unsere Arbeit in ihrer ganzen Anlage und Durchführung eine selbstständige, unmittelbar aus den aristotelischen Schriften geschöpfte ist.

6. „Der Beweis des hl. Thomas von Aquin für die Existenz eines transcendenten „Ersten Bewegers" der Welt, eine Widerlegung des modernen Materialismus". Philosophische Abhandlung vorgelesen in der Eröffnungssitzung der Academie des hl. Thomas zu Luzern von N. Kaufmann. Monatrosen. 1882.

7. „Materie und Form und die Definition der Seele bei Aristoteles" von Georg Freih. von Hertling. Bonn 1871.

8. Es ist ein großes Verdienst um die Wissenschaft, daß diese Commentare im Auftrage des die Wissenschaft so sehr fördernden, großen Papstes Leo XIII. neu edirt werden, zugleich mit dem griechischen Text des Aristoteles. Der erste Band, die Commentare zum Organon, ist bekanntlich bereits erschienen und legt Zeugniß ab von der großen Mühe, welche auf eine den kritischen Anforderungen unserer Zeit entsprechende Ausgabe sämmtlicher Werke des Aquinaten verwendet wird. — Jene Commentare werden leider nicht immer so gewürdigt, wie sie es verdienen. Während z. B. Schwegler in der Vorrede zu seiner Ausgabe der aristotelischen Metaphysik des bezüglichen Commentares des hl. Thomas gedenkt, hat Prantl, wenn er in der Einleitung zu seiner Ausgabe der aristotelischen Physik von bisherigen Commentaren spricht, nicht erwähnt, daß auch Thomas von Aquin einen Commentar zur Physik des Stagiriten geschrieben hat. — So sehr wir betonten, daß man auf Aristoteles zurückgehen muß, ebensosehr heben wir andererseits hervor, daß man auch die Werke jenes großen Denkers immer mehr würdigen soll, der zunächst die aristotelischen Schriften commentirt, sodann die Lehren des Stagiriten geläutert und mit seinem genialen Geiste organisch weitergebildet und vervollkommnet hat; es ist Thomas von Aquin.

9. Aristoteles bemerkt de part. an. III, 2: „Man muß doch die Natur im Hinblicke auf die Vielheit betrachten; denn entweder in dem Ganzen oder in dem Gewöhnlichen liegt das Naturgemäße". Ein sehr wichtiges

Prinzip bezüglich Feststellung allgemeiner Naturgesetze. — Was Aristoteles unter Zufall versteht, erhellt unter Anderm aus Met. V. 30). Dort nennt er es einen Zufall, wenn Jemand, indem er ein Loch für eine Pflanze gräbt, einen Schatz findet. Weitläufigere Erörterungen über die Begriffe „Nothwendigkeit" und „Zufall" nach Aristoteles finden sich z. B. bei Zeller I. c. II, 2 pg. 249 ff. und 325 ff.

10. Das ἐπίκτητον ist entgegengesetzt dem σύμφυτον. Das Letztere bedeutet: natürlich, angeboren, was mit der Natur gegeben ist. Das ἐπίκτητον aber bezeichnet, daß Etwas durch Thätigkeit erst erworben wird; deßhalb konnte übersetzt werden „künstlich" im Unterschiede zum Natürlichen. — Der Leser wird leicht herausfinden, wie sehr sich die angeführten Sätze unterscheiden von der Auffassung Darwins, nach welcher das Organ durch Anpassung an die äußern Lebensverhältnisse, durch Anstrengungen des betreffenden Individuums im Kampf um's Dasein nur allmälig in verschiedenen Uebergängen sich bildet.

11. Citirt nach der Antwerpener-Ausgabe v. J. 1612.

12. „Die Gotteslehre des Aristoteles und das Christenthum". Eine prinzipielle Untersuchung von Dr. Rym. Zürich 1862. „Aristoteles als Theist". Abhandlung von Fr. Rohrer. Monatrosen XVI. Jahrg. pg. 39 ff. Diese Arbeit des allzufrüh verstorbenen Hochw. Hrn. Collegen Rohrer beweist, daß derselbe auch bedeutendes Geschick für philosophische Arbeiten besaß; in den letzten Jahren hat er sich jedoch ausschließlich dem Geschichtsfache zugewendet. Besonders freut es uns, daß dieser klare Denker immer das Zurückgehen auf Aristoteles und Weiterbauen auf seinen Prinzipien betonte. Was die berührte Controverse betrifft, hat Rohrer nach unserer Ansicht so ziemlich das Richtige getroffen. — Um das durch unsere Studien gewonnene Urtheil in Kürze anzuführen, bemerken wir: Daß der Stagirite im Sinne des Monismus resp. Pantheismus die Immanenz Gottes in der Welt gelehrt habe, davon konnten wir uns nicht überzeugen. Andererseits nahm Aristoteles freilich auch nicht im Sinne des einseitigen Dualismus resp. Deismus eine schroffe Trennung von Gott und Welt an, sondern nach seiner Lehre steht ja Gott als erster Beweger der Welt, als höchster Gegenstand des Verlangens fortwährend mit derselben in Beziehung. Insofern kann Aristoteles Theist genannt werden, jedoch nicht in dem Sinne, als hätte derselbe einen Weltschöpfer angenommen.

13. Besonders hatte in dieser Beziehung der englische Philosoph Baco von Verulam (1561—1662) bedeutenden Einfluß. Er lehrte, daß man die Finalursachen von der Naturerklärung ausschließen und bei derselben nur stoffliche und wirkende Ursache annehmen solle. Dabei war er freilich weit entfernt von den Ausschreitungen des modernen Monismus resp. Atheismus, sondern legte vielmehr Zeugniß ab für die Existenz Gottes. „Es ist doch wahr, lehrt er, daß geringe Naturphilosophie zum Atheismus sich neigt, höhere Wissenschaft aber zur Religion zurücktreibt. Denn der menschliche Verstand möchte wohl, so lange er die Secundär-Ursachen zerstreut betrachtet, bei diesen stehen bleiben und nicht weiter bringen; wenn er jedoch deren Kette, jo wie sie unter sich verbunden und verknüpft sind, zu betrachten fortfährt, so ist er genöthigt, zu der Vorsehung und Gottheit seine Zuflucht zu nehmen." Serm. fidel. seu interiora rerum. C. XVI. de Atheismo, citirt bei Haffner in der anderswo erwähnten Schrift.

14. Hier wäre nun der Ort, bevor wir unsere Arbeit abschließen, auch die Einwürfe zu widerlegen, welche in neuerer Zeit gegen die Zweckelehre vorgebracht worden sind. So würde in Betracht kommen die Kritik, welche Kant in dieser Beziehung fällt. Der Philosoph von Königsberg spricht zwar nicht so leichtfertig, wie Manche über die Teleologie ab. Es kommt z. B. in seiner Kritik der Urtheilskraft pg. 265 der bemerkenswerthe Satz vor: „Der Begriff von Verbindungen und Formen der Natur nach Zwecken ist doch wenigstens ein Prinzip mehr, die Erscheinungen derselben unter Regeln zu bringen, wo die „Gesetze der Causalität nach dem bloßen Mechanismus derselben nicht zulangen". Jedoch stellt sich bei ihm entsprechend der ganzen Richtung seines Systemes das Bedenken ein, ob nicht der Zweck bloß eine regulative, jedoch keine constitutive Bedeutung habe, d. h. derselbe ist wohl eine Regel für unsere Naturauffassung, aber wir haben keine Gewißheit, ob der Zweck auch etwas objectiv Gegebenes, in die Vorgänge der Natur selbst Eingreifendes ist. Nach Kant hat ja überhaupt alle Erkenntniß nur subjectiven Werth; das „Ding an sich" erkennen wir nicht. — Sodann wäre zu handeln über die mechanische Naturerklärung, insofern dieselbe zu einer Polemik gegen die Annahme von Finalursachen benutzt wird. Wir constatiren jedoch mit Freuden, daß nicht alle Anhänger jener Naturauffassung sich gegen die Teleologie wenden, wie z. B. Secchi. — Hauptsächlich müßte hier in Betracht kommen die Darwinische Theorie. Zwar leugnet Darwin nicht, daß gegenwärtig die Organismen den äußern Lebensverhältnissen entsprechend und insofern zweckmäßig eingerichtet sind. Jedoch nach seiner Lehre gibt es keine Intention von Zwecken, z. B. das Auge ist nicht nach einem bestimmten Plane zum Zwecke des Sehens fertig gebildet worden, sondern weil als schließliches Resultat einer Reihe von Zufällen und Anpassungen an die äußern Lebensverhältnisse allmälig ein so beschaffenes Organ im „Kampf um's Dasein" entstanden ist, dient es jetzt zum Sehen. Wie leicht einleuchtet, steht diese Auffassung

durchaus im Gegensatze zum aristotelischen Zweckbegriffe; dieselbe ist die Durchführung der mechanischen Naturerklärung auf dem Gebiete des organischen Lebens. Dem tiefer blickenden Leser wird aber auch nicht entgangen sein, daß gerade die aristotelischen Prinzipien, z. B. actus simpliciter prior quam potentia etc., sich trefflich zur Widerlegung des Darwinismus eignen; z. B. die Schrift „Ueber die Theile der Thiere" ist dazu wie gemacht. Man möchte beim Studium derselben manchmal glauben, man habe die Schrift eines Autors aus der Gegenwart vor sich, der sich die Aufgabe gesetzt hat, die Auffassung Darwin's zurückzuweisen und die teleologische Auffassung des Thierreiches an die Stelle zu setzen. — Ferner müßte in Betracht kommen der sogen. Pessimismus, welcher Unzweckmäßigkeiten in der Natur erblickt. — Wir haben den auf diese Einwürfe bezüglichen Theil unserer Abhandlung ausgearbeitet und gerade die obgenannte aristotelische Schrift hauptsächlich benutzt. Kant und der mechanischen Naturerklärung gegenüber wird gezeigt, daß die T h a t s a c h e n selbst, namentlich auf dem Gebiete des organischen Lebens uns zur Annahme von Zweckursachen n ö t h i g e n und daß wir ohne diese überall auf ungelöste Räthsel stoßen. — Jedoch hat unsere Abhandlung bereits die ursprünglich angeraumte Seitenzahl überschritten und so sehen wir uns denn veranlaßt, den betreffenden Abschnitt s p ä t e r irgendwie zu veröffentlichen.

15. Uebrigens will damit nicht etwa gesagt werden, daß das Argument des Aristoteles und Thomas erst durch die neuere Naturwissenschaft seine Beweiskraft erhalte. Sodann ist namentlich zu beachten, daß dieselbe den Begriff „Bewegung" mehr im Sinne von localer Bewegung auffaßt, während die genannten Philosophen in weiterer Bedeutung darunter die Veränderung überhaupt, so auch die substantiale verstehen.

16. Wir betonen besonders, daß Secchi einen Weltschöpfer resp. einen t r a n s c e n d e n t e n Gott als Urheber der Zweckordnung in der Natur annimmt. Er tritt dadurch dem modernen Monismus gegenüber. Dieser bemüht sich nämlich, seine materialistische, atheistische Lehre dadurch empfehlenswerther zu machen, daß er sie in ein pantheistisches Gewand hüllt. So scheint es wenigstens nach den Aeußerungen Häckel's in dem genannten Vortrage. Er bemerkt unter Anderm: „Da aber alle drei Philosophen (Darwin, Goethe und Lamarl) tiefdentende sind und beständig die E i n h e i t der gesammten Erscheinungswelt im Auge behalten, so erweitert sich ihre Entwicklungsidee zu einer großartigen, p a n t h e i s t i s c h e n Weltauffassung, zu derjenigen Einheitslehre, die das Wesen unserer heutigen, monistischen N a t u r a n s c h a u u n g bildet". Ferner: „Es ergibt sich daraus jene monistische, reinste Glaubensform, die in der Ueberzeugung von der E i n h e i t G o t t e s u n d der Natur gipfelt und die in den Bekenntnissen unserer größten Dichter wie Göthe und Lessing voran, schon längst ihren vollkommensten Ausdruck gefunden hat". (Der moderne Pantheismus ist unter Anderm trefflich widerlegt in der Theodicee von Cutberlet.) Auf pantheistischer Grundlage ruht auch der Pessimismus, wie ihn Schopenhauer in seinem Werke „Die Welt als Wille und Vorstellung" und Eduard Hartmann in seiner „Philosophie des Unbewußten" darlegen.

Wir schließen damit, daß wir die von uns in dieser Abhandlung berücksichtigten Schriften anführen, deren Titel in den vorstehenden Anmerkungen nicht näher angegeben wurden.

Was die Editionen der aristotelischen Schriften betrifft, wurden folgende benutzt:

Die griechische Gesammt-Ausgabe der Berliner-Academie, Aristoteles Graece Ex Recensione Immanuelis Bekkeri. Edidit Academia Regia Borrussica. Berolini 1831.

Ferner Einzelausgaben: Die Metaphysit des Aristoteles. Grundtext, Uebersetzungen und Commentar nebst erläuternden Abhandlungen von Dr. Albert Schwegler. Tübingen 1847.

Aristoteles', Acht Bücher der Physik. Griechisch und Teutsch mit sacherklärenden Anmerkungen, herausgegeben von Dr. Carl Prantl, Professor in München. Leipzig 1854.

Aristoteles', Vier Bücher Ueber das Himmelsgebäude und zwei Bücher Ueber Entstehen und Vergehen. Griechisch und Teutsch mit sacherklärenden Anmerkungen herausgegeben von Dr. Carl Prantl. Leipzig 1857.

Aristoteles', Fünf Bücher Von der Zeugung und Entwicklung der Thiere (mit griechischem Text) übersetzt und erläutert von Dr. Aubert und Dr. Wimmer. Leipzig 1860.

Was die psychologischen Schriften, ferner diejenigen über die „Thiergeschichte", über „Die Theile der Thiere" betrifft, wurden auch bei Uebertragungen und Erläuterungen benutzt, welche sich in der Sammlung befinden „Griechische Prosaiker in neuen Uebersetzungen". Herausgegeben von Osiander und Schwab. Stuttgart 1847.

Nikomachische Ethik übersetzt und erläutert von Garve. Breslau 1798.

Acht Bücher vom Staate übersetzt (mit Erläuterungen) von Dr. Schnitzer. Stuttgart 1856.

Bezüglich der in unserer Abhandlung angeführten Stellen sei bemerkt, daß wir da, wo es besonders angezeigt erschien, z. B. bei Definitionen ꝛc., den griechischen Text angeführt haben. All' die zahlreichen und oft umfangreichen Citate aber im Original anzuführen, dazu konnten wir uns nicht entschließen; denn obgleich wir nicht gerade eine sogenannte populär-wissenschaftliche Abhandlung geben wollten, hatte diese Arbeit doch auf Leser Rücksicht zu nehmen, denen eine allzustarke Häufung griechischer Texte aus aristotelischen (!) Schriften, dieselbe ungenießbar gemacht hätte. Was die in deutscher Uebersetzung angeführten Texte betrifft, glauben wir uns Nichts zu vergeben, wenn wir bemerken, daß wir in einer Sache, die so große Schwierigkeiten bietet, die oben angeführten Uebertragungen zu Rathe zogen. Uebrigens sind wir öfters, wo es uns begründet erschien, davon abgewichen, z. B. wenn Schwegler das Wort οὐσία mit „Reelles" übersetzt, wollte uns das nicht recht konveniren. Damit ist auch bereits gesagt, daß wir selbstverständlich stets den griechischen Text vor Augen hatten.

Von den Werken des hl. Thomas von Aquin wurden außer seinen Commentaren zu Aristoteles hauptsächlich die Summa Theologica und die Summa contra Gentiles benutzt. Edit. Barri-Ducis.

Fernere Schriften: L'Accademia Romana di S. Tommaso d'Aquino. Pubblicazione Periodica. Roma.

Liberatore Institutiones Philosophicae. Neapoli 1875.

Dr. Adolf Trendelenburg. „Logische Untersuchungen". Dritte vermehrte Auflage. Leipzig 1870.

Dr. Freihr. von Hertling „Ueber die Grenzen der mechanischen Naturerklärung". Zur Widerlegung der materialistischen Weltansicht. Bonn 1875.

Dr. Gutberlet „Die Metaphysik". Münster 1880. Theodicee. Münster 1878.

Dr. Hermann „Grundriß der Physiologie des Menschen".

Dr. Lorinser „Das Buch der Natur". Entwurf einer kosmologischen Theodicee. Regensburg 1878.

Dr. Hermann Ulrici „Gott und die Natur". Zweite, neu bearbeitete Auflage. Leipzig 1866.

Dr. Wieser „Mensch und Thier". Freiburg im Breisgau 1875.

Dr. J. Jungmann „Das Gemüth und das Gefühlsvermögen der neuen Psychologie". Innsbruck 1868.

Carl Perthold „Die Herrschaft der Zweckmäßigkeit in der Natur". Vereinsschrift der Görres = Gesellschaft. Köln 1877.

H. Robenstein „Bau und Leben der Pflanze", teleologisch dargestellt. Ebenfalls eine Vereinsschrift der Görres-Gesellschaft. 1879.

„Die Größe der Schöpfung". Zwei Vorträge gehalten vor der Liberinischen Academie zu Rom von P. A. Angelo Secchi. Aus dem Italienischen übertragen nebst einem Vorwort von Carl Güttler. Leipzig 1882.

Dr. Pohle „P. Angelo Secchi". Ein Lebens- und Culturbild". Vereinsschrift der Görres-Gesellschaft. Köln 1883.

Mehrere Aufsätze in der Zeitschrift „Natur und Offenbarung". Ferner in den „Stimmen aus Maria Laach"; besonders Arbeiten des naturkundigen P. Pesch. Es wurde auch dessen Philosophia naturalis in Betracht gezogen. Freiburg 1880.

Ueberweg „Grundriß der Geschichte der Philosophie des Alterthums". Sechste Auflage (bearbeitet und herausgegeben von Dr. Max Heinze). Berlin 1880.

Xenophons Mem. Ausgabe von L. Breitenbach. Leipzig 1854.

Lange „Geschichte des Materialismus und Kritik seiner Bedeutung in der Gegenwart". Iserlohn 1873.

Dr. Emil Du Bois-Reymond „Ueber die Grenzen des Naturerkennens". „Die sieben Welträthsel" Zwei Vorträge. Leipzig 1882.

Das Ignoramus und Ignorabimus der neueren Naturforschung. Von Dr. Paul Haffner. Frankfurt a./M. 1883.

Dr. Zittel „Ueber Arbeit und Fortschritt im Weltall". Rectorats-Rede. München 1880.

Dr. Riehl Rede „Ueber wissenschaftliche und nichtwissenschaftliche Philosophie." Freiburg i. B. 1883.

Dr. Virchow „Darwin und die Anthropologie" Vortrag auf dem XIII. anthropologischen Kongresse 1882. (Abgedr. in der Frankfurter-Zeitung.)

Dr. Häckel „Die Naturanschauung von Darwin, Goethe und Lamark". Vortrag von Ernst Häckel auf der 55 Naturforscher-Versammlung in Eisenach 1882. (Abgedr. in der Frankfurter-Zeitung.)

Wir tragen noch nach:

Snell, Die Streitfrage des Materialismus. 1858.

Dr. Stöckl „Lehrbuch der Geschichte der Philosophie". Mainz 1875.

Die pg. 49 erwähnte Arbeit von Schneider ist die von der Görres-Gesellschaft mit dem ersten Preise gekrönte Schrift über die gestellte Preisfrage „Eine bündige Entwicklung der Lehre des hl. Thomas von Aquin über die Erkennbarkeit Gottes".